Introduzione e Stile

Dinanzi ai quadri di Raffaello si rimane immediatamente colpiti dinanzi alla dolcezza emanata dagli amorevoli gesti delle figure. Inoltre la delicatezza dei corpi, l'eleganza dei panneggi e dei movimenti, il gentile volto delle figure, sono sempre uniti da una struttura compositiva che rende tutto semplice e a portata di mano. Nella sua breve vita, Raffello ha raggiunto un equilibrio sottile tra perfezione formale e bellezza, spontanea e incantevole, tale da rendere le novità stilistiche della sua arte un modello per intere generazioni di artisti. Questi, insieme a tanti altri, sono i motivi per cui Raffaello è considerato un rivoluzionario che occupa un posto di rilievo nella storia dell'arte occidentale.

Autoritratto giovanile

Quando Raffaello dipinse questo autoritratto giovanile aveva circa 22 anni, era nato nel 1483 ad Urbino e si era trasferito da poco a Firenze, dove era giunto con l'esplicito desiderio di imparare un nuovo stile e una nuova maniera pittorica. Questo autoritratto è ovviamente una presentazione che l'artista offre di sé stesso, come tutti gli autoritratti dei grandi pittori. La formazione di Raffaello è umbra ed il primo maestro fu il padre Giovanni Santi, un artista notevole. Il padre di Raffaello fu infatti pittore di corte, lavorò ad Urbino per i Montefeltro ed ebbe anche la particolarità, quasi unica nel Quattrocento, di essere anche scrittore e regista di rappresentazioni sceniche. La formazione di Raffaello continua nella bottega paterna anche dopo la morte del padre e questo autoritratto ci fa notare la formazione umbra, legata, appunto, allo stile degli anni giovanili. È un autoritratto famoso perché coincide perfettamente con il ritratto letterario che Vasari diede nella vita di Raffaello pubblicata a metà '500.

In questa pubblicazione Raffaello viene descritto come un artista gentile, aggraziato, affabile e socievole: una sorta di incarnazione perfetta dell'artista dai modi umani e cortesi, esattamente l'opposto di Michelangelo che è un artista burbero, misogino, selvatico e intrattabile, con il quale – vedremo in seguito – Raffaello avrà dei rapporti molto intensi e conflittuali.

Questo autoritratto di Raffaello è proprio l'immagine che verrà consegnata, poi, ai posteri: è una sorta di pittore eternamente giovane. Morirà giovane Raffaello, a 37 anni e quindi questo autoritratto giovanile incarna una delle immagini più fortunate dell'artista. Non è un caso, come vedremo anche dopo, che quando Raffaello sentirà il bisogno di ritrarsi nella celebre Scuola di Atene, userà proprio questo autoritratto per riprodurre il suo volto nello straordinario consenso di intellettuali e pensatori classici.

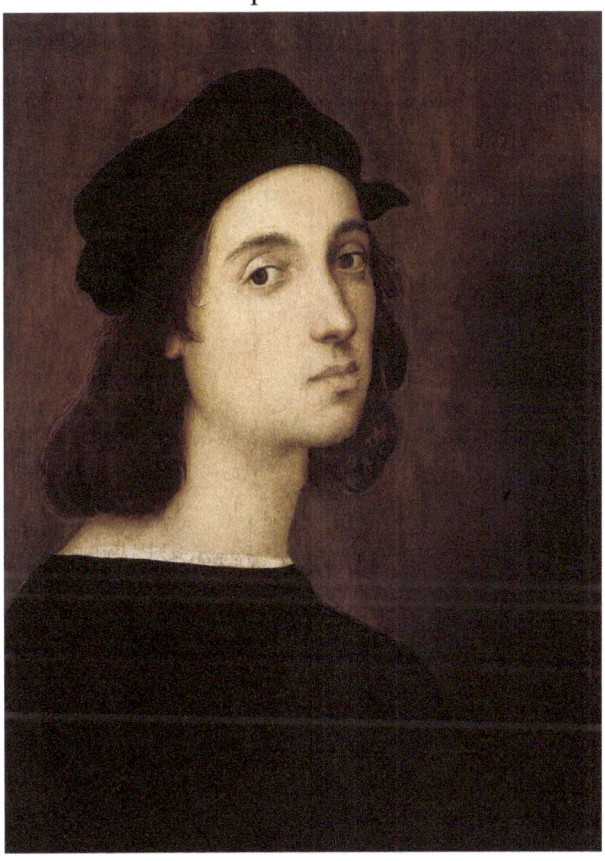

Raffaello, Autoritratto Giovanile, 1506, Galleria degli Uffizi, Firenze.

La vita

Raffaello Sanzio nasce a Urbino nel 1483 e riceve la prima educazione artistica nella bottega del padre Giovanni Santi, pittore attivo presso la corte ducale dei Montefeltro. Alla fine del 1504, a 21 anni, Raffaello si reca a Firenze, inserendosi in un ambiente vivo e stimolante. Qui sono attivi artisti del calibro di Leonardo e Michelangelo, da cui assimilare principali peculiarità stilistiche: ne risultano opere come la Madonna del cardellino o la pala Baglioni, in armonioso equilibrio tra la concretezza dell'immagine e la perfezione formale. Alla fine del 1508 Raffaello giunge a Roma, dove papa Giulio II gli commissiona gli affreschi delle Stanze Vaticane. Il ciclo è caratterizzato da un progressivo passaggio da scene armonicamente inserite in maestose scenografie a episodi più concitati, animati da suggestivi giochi luminosi. Intanto, tra i numerosi committenti privati, il banchiere senese Agostino Chigi gli affida la decorazione di alcuni ambienti della sua villa suburbana, la Farnesina. Qui l'artista affresca il Trionfo di Galatea e la Loggia di Psiche. Con la salita di Leone X alla carica di Papa, nel 1513, Raffaello, poco più che trentenne, diventa, insieme a Sebastiano del Piombo, l'indiscusso protagonista della scena artistica romana dopo la morte di Bramante e assume la direzione della fabbrica di San Pietro. La coeva attività pittorica registra ancora una sequenza di capolavori: dai penetranti ritratti alle pale sacre, fino alla tormentata Trasfigurazione. Dopo una breve malattia, Raffaello muore nel 1520 a Roma. L'artista, osannato dall'intera scena artistica romana, ha incarnato l'ideale supremo di serenità e di bellezza rinascimentale, divenendo noto soprattutto per la produzione di Madonne col Bambino. La dolcezza delle sue Madonne ricorda quella degli stessi soggetti del pittore Veneziano Giovanni Bellini e proprio come quest'ultimo si è specializzato in una vasta produzione di Vergini con Bambino.

Lo Sposalizio della Vergine

Nel 1504, Raffaello dipinse lo Sposalizio della Vergine, una grande pala d'altare per una chiesa di Città di Castello. Oggi è conservata nella Pinacoteca di Brera a Milano. Si tratta del capolavoro giovanile, in una fase fondamentale di confronto con il suo maestro Perugino. Quest'ultimo aveva dominato la scena in Italia negli anni precedenti. Maestro umbro, era stato una sorta di maestro ideale per Raffaello. Secondo Vasari, Perugino sarebbe stato il maestro vero e proprio che avrebbe insegnato al giovane genio affidatogli dal padre. Dunque proprio nella bottega di Perugino si sarebbero svolti i primi passi di Raffaello. È una costruzione critica su cui non tutti gli storici dell'arte credono, in quanto Vasari va sempre preso con le pinze, ma comunque importante perché sottolinea questo rapporto strettissimo tra Perugino e il giovane Raffaello. Questo dipinto rappresenta un tema che Perugino stava dipingendo proprio in quegli anni e quindi il confronto diventa immediato. In questo caso Raffaello si ispira, non solo alla pala del Perugino ma anche ad un altro affresco che Perugino aveva dipinto molti anni prima nella Cappella Sistina nel Vaticano. Si tratta di un affresco che rappresenta la Consegna delle chiavi. In questo caso è evidentissimo come Raffaello decida di confrontarsi con un grande maestro, di assimilarne fino in fondo i segreti, come farà poi con Leonardo, con Tiziano, con Giovanni Bellini e con tanti altri grandi pittori, ma al tempo stesso è evidente il desiderio di superare il maestro e di andare oltre, di rendere, dunque, più moderne quelle invenzioni. È evidente e straordinaria la costruzione spaziale, così raffinata, del dipinto, caratterizzata dal bellissimo Tempio di Salomone a 16 lati che domina la scena e che si incastra perfettamente nella cornice che delimita la scena dello Sposalizio. È un edificio prospettico che fa già presagire i futuri interessi architettonici di Raffaello. Anche nel gruppo in primo piano, dove si può notare lo scambio degli anelli tra Giuseppe e Maria, è evidente come le tipologie dei volti siano ancora strettamente Peruginesche, ma l'organizzazione dello spazio e, soprattutto, il desiderio di Raffaello di creare un fregio non lineare ma che si flette con una sorta di arco in primo piano e di rendere, dunque, più moderna l'invenzione Peruginesca. Tutto questo è dichiarato con una sorta di orgogliosa autocoscienza da parte del pittore nella firma e nella data, che, come vedete, è posta addirittura al centro del dipinto, sopra l'arco d'ingresso del Tempio di Salomone, dove è impossibile non leggere la firma dell'artista a caratteri capitali e la data 1504, che suona davvero come una sorta di presa di coscienza di aver raggiunto un punto culminante del proprio sviluppo: Raffaello ha completamente assimilato e superato Perugino, da questo momento è pronto per nuove avventure stilistiche che, di lì a poco, porteranno l'artista a Firenze.

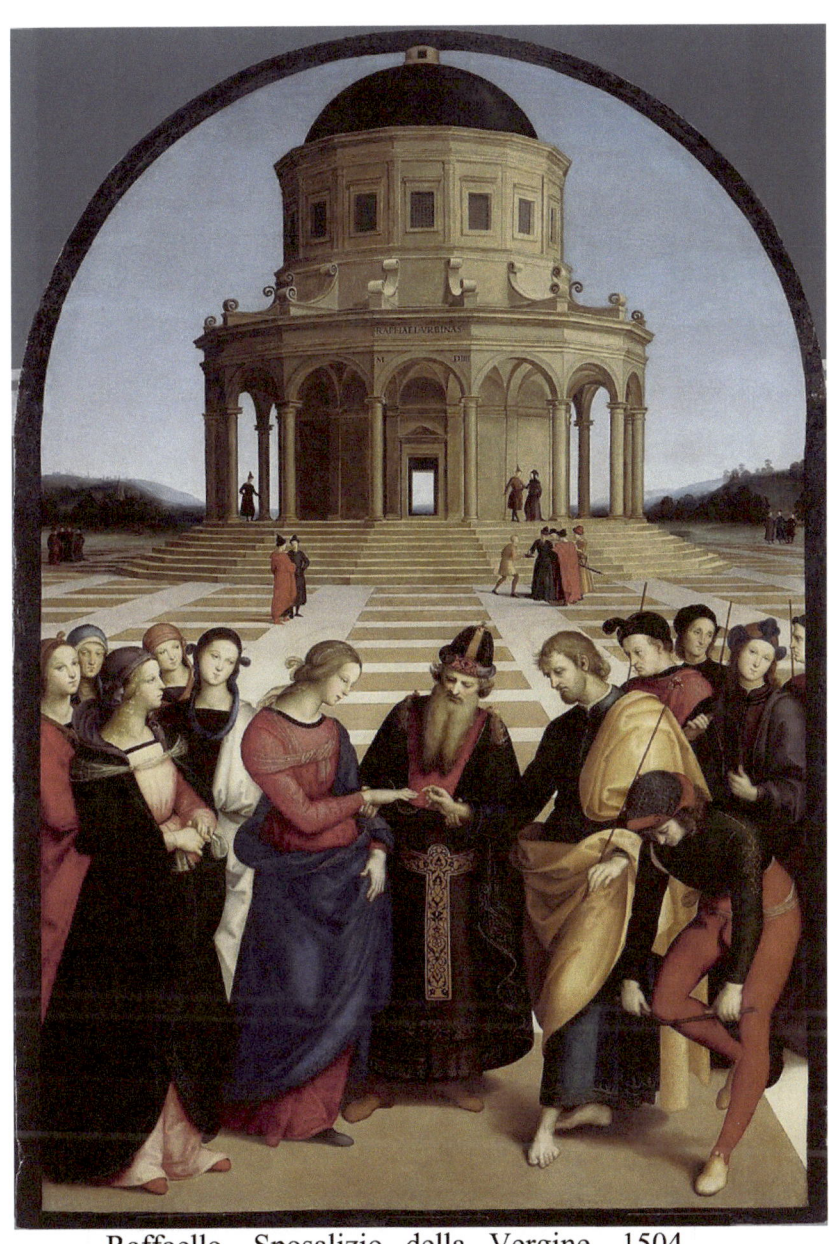

Raffaello, Sposalizio della Vergine, 1504, Pinacoteca di Brera, Milano.

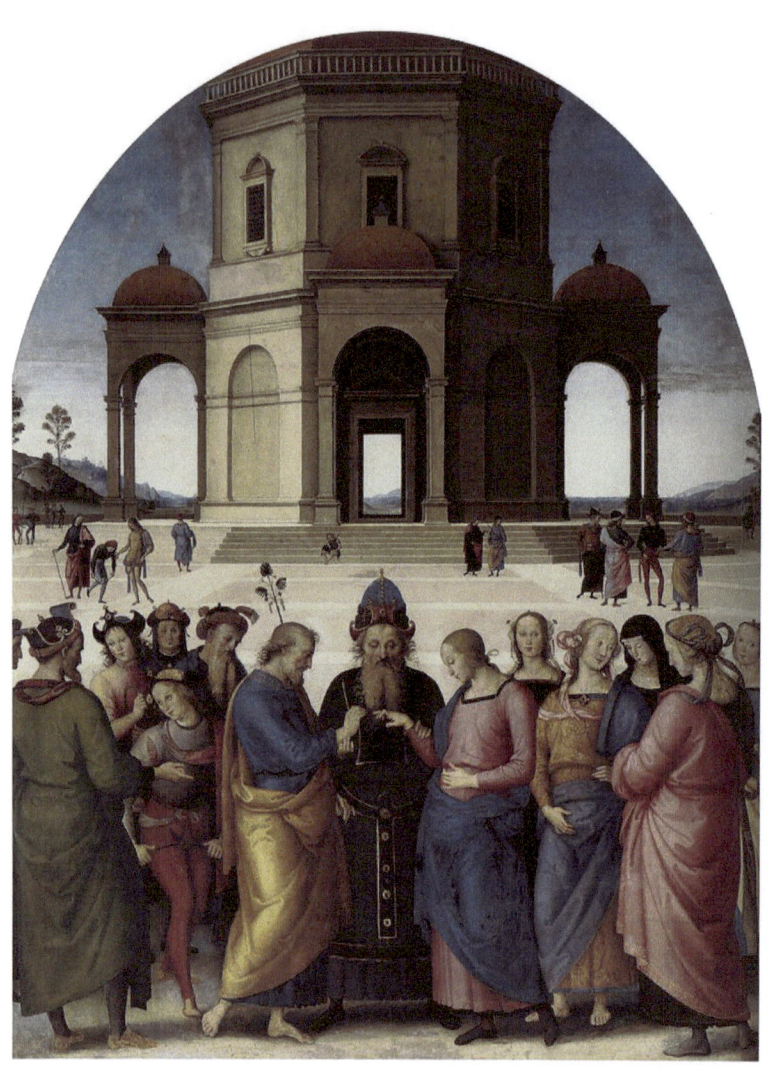

Perugino, Sposalizio della Vergine, 1501, Museo delle Belle Arti, Caen.

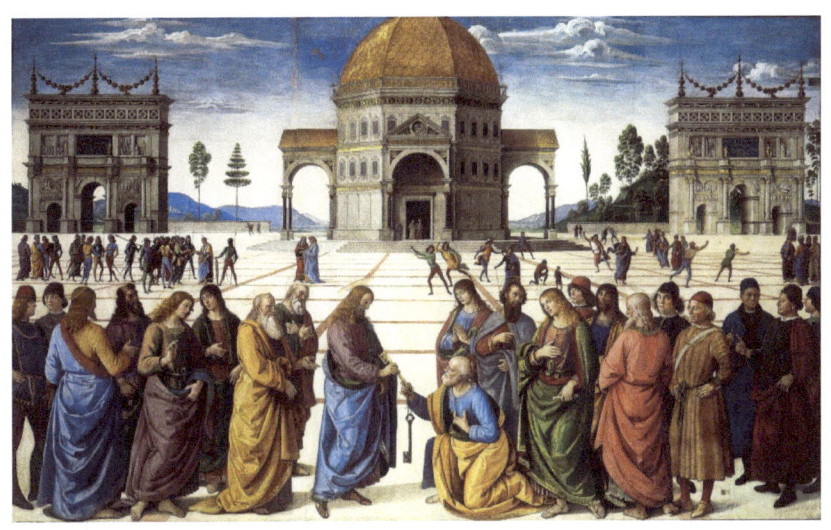

Perugino, Consegna delle chiavi, 1482, Cappella Sistina, Città del Vaticano.

Confronto con Leonardo

Nel 1504, verso l'autunno, Raffaello decise di trasferirsi a Firenze. Lo attirava a Firenze il desiderio di poter entrare in contatto direttamente con alcune grandi novità che stavano affermandosi in città. Raffaello era già un artista affermato, ma ugualmente decise di trasferirsi per andare ad imparare un nuovo stile. Nel 1505, all'incirca, Raffaello dipinse un famosissimo dittico di ritratti che rappresentano Agnolo Doni, un ricco mercante fiorentino di stoffa e grande collezionista d'arte e la moglie Maddalena Strozzi. Si tratta, dunque, di un ritratto matrimoniale dove i due giovani sposi, ricchi, eleganti, si presentano di fronte al panorama di Firenze. È evidente che Raffaello, in questa coppia di ritratti, ha voluto rappresentare due diverse tipologie: da un lato, appunto, il mercante vestito in modo abbastanza severo, con uno sguardo molto franco e diretto verso lo spettatore; dall'altro lato la sua sposa è ritratta con abiti sfarzosi e con ricchi gioielli e soprattutto si può notare il pendente montato con un leocorno d'oro, che vuole sicuramente rappresentare un dono di nozze e un'allusione alla castità e alla purezza della giovane sposa. In questi due ritratti e soprattutto nel ritratto di Maddalena Strozzi, diventa evidente la capacità di Raffaello di guardare a quella rivoluzione, nel campo dei ritratti, che quegli anni, a Firenze, stava portando Leonardo. È evidente che il dipinto di Maddalena Strozzi sia impensabile senza la conoscenza, di Raffaello, della Gioconda di Leonardo. Raffaello aveva avuto l'occasione di vedere i dipinti nello studio di Leonardo, ma forse anche i disegni, ed in questo caso è davvero sorprendente la capacità di confrontarsi in un testo figurativo così impervio e difficile da districare e da comprendere, com'era appunto la Gioconda con tutte le sue novità formali e psicologiche, e di tradurle, invece, in un idioma così semplice e così umano, dove appunto si perdono, sicuramente, le sottigliezze psicologiche del modello Leonardesco ma con i volti che risplendono in tutta la loro umanità. Per cogliere la capacità di Raffaello di metabolizzare anche un testo così difficile, com'era appunto la Gioconda, basti pensare allo sfondo del paesaggio che, come vedete in questo caso, si distende con perfetta armonia, ispirandosi al tipico paesaggio dei colli toscani e umbri, rinunciando, invece, a quei paesaggi così complessi e così intellettuali, tipici di

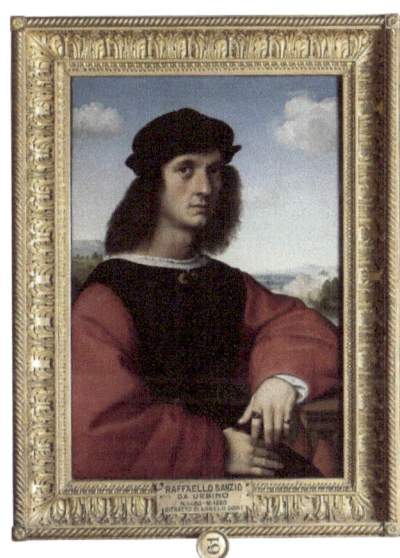 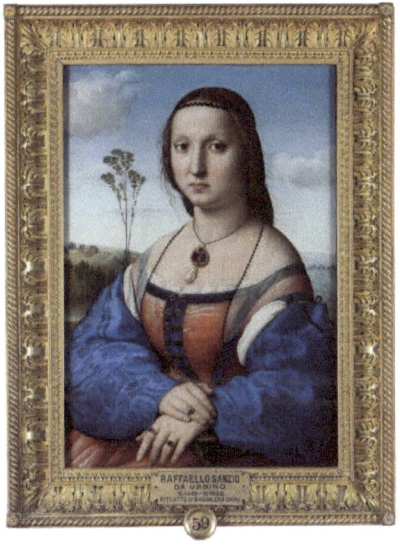

Leonardo.
Raffaello, Ritratti di Agnolo Doni e Maddalena Strozzi, 1506, Uffizi, Firenze.

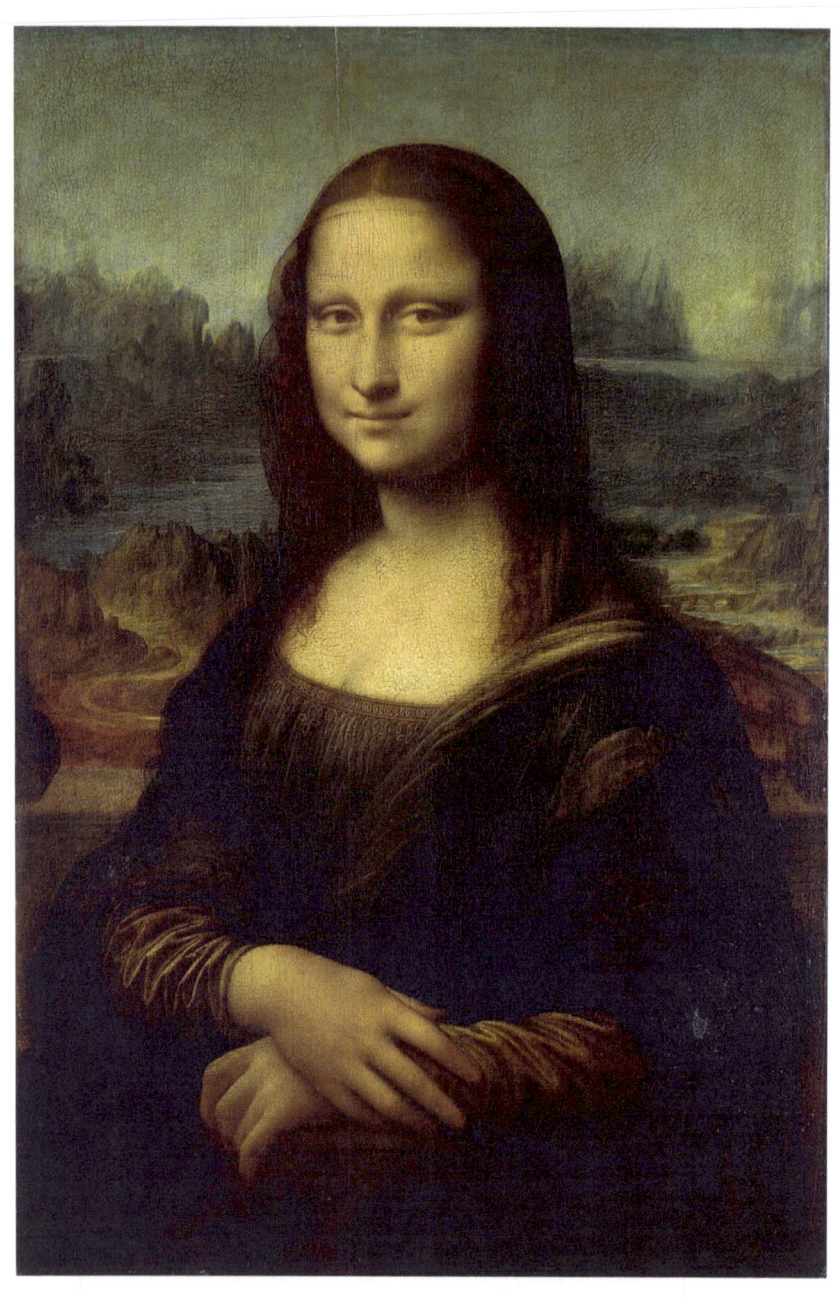

Leonardo, la Gioconda, 1503-1506, Louvre, Parigi.

Le Madonne di Raffaello e il confronto con Giovanni Bellini

La Madonna del cardellino, conservata negli Uffizi, è un dipinto che ha una storia veramente incredibile. Fu commissionato da un amico di Raffaello, a Firenze, Lorenzo Nasi. È stata commissionata in occasione del matrimonio dell'amico e fu conservata gelosamente nella casa del committente per una quarantina d'anni. Tuttavia, il 12 novembre 1547 venne distrutto. La casa franò e il dipinto fu travolto dalle macerie. Quando si andò a cercare di recuperare qualcosa, tra i beni di famiglia, furono ritrovati i frammenti di questa tavola. Fu talmente shockante la distruzione di un capolavoro di Raffaello così apprezzato, che il figlio del committente decise di far recuperare questi frammenti e di farli ricomporre, facendo realizzare un restauro. I frammenti furono religiosamente ricomposti e si diede il compito a un pittore fiorentino, non solo di ricomporli, ma di integrare le parti mancanti, come farebbe oggi un restauratore contemporaneo. Anche in questo caso, come nel dipinto con Maddalena Strozzi, è evidente il desiderio, di Raffaello, di riflettere sulle composizioni Leonardesche. In particolare c'era un'opera di Leonardo che aveva fatto scalpore a Firenze. Si trattava di un cartone preparatorio con la Madonna e il Bambino con sant'Anna e san Giovannino, che oggi non esiste più. Era un cartone meravigliosamente innovativo per l'epoca, tanto da folgorare Raffaello e spingerlo in una serie di Madonne con Bambino e san Giovannino. Perché si chiama Madonna col cardellino? Perché, come vedete, il dipinto ruota attorno al momento in cui la Vergine accoglie il piccolo Battista, il quale sta portando, presentando a Gesù Bambino, un cardellino, appunto. Il cardellino è un simbolo che molti artisti avevano usato prima di Raffaello, per alludere alla Passione e alla Resurrezione del Cristo, in quanto il cardellino, secondo una leggenda medievale, era solito nutrirsi dei semi dei cardi, da qui il nome cardellino, e non temeva le spine. Proprio per questo si sarebbe posato sul capo del Cristo in Croce e avrebbe estratto pietosamente una ad una le spine della corona. Questa leggenda popolare aveva permesso a questo uccellino di diventare un perfetto simbolo della Passione di Cristo e della Resurrezione, quindi viene inserito spesso in queste scene di maternità. Come dicevo prima, quello che stupisce in queste composizioni è la capacità, di Raffaello, di meditare su Leonardo e su Giovanni Bellini. Il pittore aveva il dono di guardare tutti e imparare da tutti, ma allo stesso tempo aveva la capacità di non perdere sé stesso. Giovanni Bellini è stato il pittore che più di tutti ha saputo interpretare l'anima dei personaggi religiosi, in particolare delle Madonne con Bambino. Bellini per la prima volta nella storia dell'arte, ci fa sentire un qualcosa che mai nessuno ci aveva fatto sentire prima: la natura. La natura viene spesso raffigurata come sfondo, come perfetta e bellissima cornice nei dipinti del Giambellino, in particolare nelle Madonne con Bambino. È una natura nella quale ci muoviamo, in cui possiamo avvertire l'alba, le luci del tramonto, il senso e il respiro di un'aria profumata di un bosco e in cui si evoca il sentimento di una natura amica dell'uomo, anticipando quello che faranno i suoi allievi Giorgione e Tiziano e persino ciò che farà il letterato Giacomo Leopardi con i suoi idillii, secoli dopo. Quando Giovanni Bellini, con la sua straordinaria capacità pittorica, dipinge una Madonna con Bambino, lei è in realtà una madre i cui sentimenti sono quelli tipici di una madre dinanzi a un tenerissimo bambino che non ha niente di divino, benché sia chiaro che ci troviamo dinanzi a una immagine fondamentalmente religiosa. Bellini ci regala dunque la coincidenza tra Dio e la natura, che lui interpreta, nell'arte, senza pari, donando una misura straordinaria di armonia, equilibrio e dolcezza nei paesaggi, che nei suoi dipinti sembrano sfondi di presenza autonoma, tali da generare, successivamente, un paesaggio come quello della Tempesta di Giorgione o dell'Amor Sacro e Amor Profano di Tiziano. Bellini ci fa sentire questa presenza divina della natura, ma è una natura intesa come espressione del pensiero di Dio, in cui le persone che vediamo raffigurate non sono una apparizione, ma sono l'idea che Dio è ovunque, onnipresente. Questa capacità di divinizzare la maternità, di rendere una donna la Vergine, di rendere un bambino Gesù, non è un potenziamento della natura ma è la natura stessa e nessun pittore ha dipinto e inteso la natura come Giovanni Bellini. La sua è una natura di deificazione della realtà, una realtà che non ha perso la sua natura: dunque il Rinascimento Veneziano, guidato da Bellini, è una capacità di sentire Dio in tutte le cose, nelle illustrazioni di animali, di uccelli, di fiori, di corsi d'acqua, di paesaggi. Per cui possiamo definire Bellini come il poeta del Rinascimento, precisamente come il poeta della natura e il poeta della verità della natura resa dalla straordinaria capacità cromatica e di abilità luministica che darà un input fondamentale allo sviluppo del Tonalismo di

Giorgione e Tiziano. Raffaello cercò di assimilare tutto ciò e di dare questa nuova via stilistica innovativa alle sue Madonne. Come Bellini, Raffaello ottenne dall'estremo equilibrio un'estrema armonia: più dell'urbinate, però, per Bellini la stessa poesia era stata la principale ispirazione ed il principale finale della sua arte. Da Bellini, Raffaello cerca di emulare l'arte della natura in cui noi notiamo la natura stessa del sentimento umano, dove nelle Madonne con Bambino vediamo le due figure - madre e figlio – intrecciate da teneri e dolci sguardi connessi da un mutuo affetto. Ma nelle Madonne con Bambino di Bellini sarebbe banale ridurre il tutto a una semplice connessione affettiva di espressioni e di sguardi, non vi è solo il rapporto affettuoso tra madre e figlio. Il tema della Madonna con Bambino di Bellini è più complesso e le sue varianti iconografiche di dettagli sono pressoché infinite: tuttavia il significato sempre presente e fondamentale è quello del preannuncio della futura passione di Cristo. Spesso tra le mani dei due protagonisti, o comunque raffigurati accanto a loro, vi sono frutti simbolici di passione e di redenzione, con riferimento al ruolo sacrificale del Bambino e alla funzione corredentrice della Madre (la ciliegia color sangue o la mela di Maria nuova Eva). Spesso troviamo anche il variopinto cardellino che si nutre di spinosi cardi, alludendo al Cristo coronato di spine. Inoltre, troviamo anche a raffigurazione del libro chiuso in quanto il destino è già scritto e segnato o a volte aperto purché vi si possa leggere il tragico destino. Questa tipologia fornisce anche una consolidazione della natura umana di Cristo, in tempi in cui la sua natura divina non viene messa in discussione, mentre quella umana suscita qualche perplessità. D'altronde la sofferenza di Cristo nel momento della Passione è una sofferenza umana, che sarebbe impensabile qualora egli affrontasse il martirio forte della sola natura divina. La continua dolce e amara tensione di pathos di cui è dotata la connessione della Madre e del Figlio, genera una pittura umana e poetica che segnerà in eterno la storia dell'arte ed il testimone passato da Bellini a Raffaello è, indubbiamente, il punto di massimo vertice pittorico. Raffaello dà, improvvisamente, a queste scene, delle bellissime strutture geometriche. Nella Madonna col cardellino, il Bambino, san Giovanni e la Vergine si strutturano secondo una specie di piramide dominando perfettamente lo spazio. Al tempo stesso, la scena ha una leggibilità universale ed è proprio questo elemento a rendere estremamente popolari le immagini di Raffaello, per cui le sue Madonne, dopo quelle di Bellini, sono le Madonne per eccellenza. In questo caso si tratta di una giovane fanciulla seduta sulla roccia di un prato, in un paesaggio dove tutti gli elementi della natura creano un senso di perfetta armonia formale. Le medesime caratteristiche le ritroviamo anche in altre due opere di Madonne, più o meno coeve alla Madonna del cardellino: si tratta della Madonna del Belvedere e della Bella Giardinera.

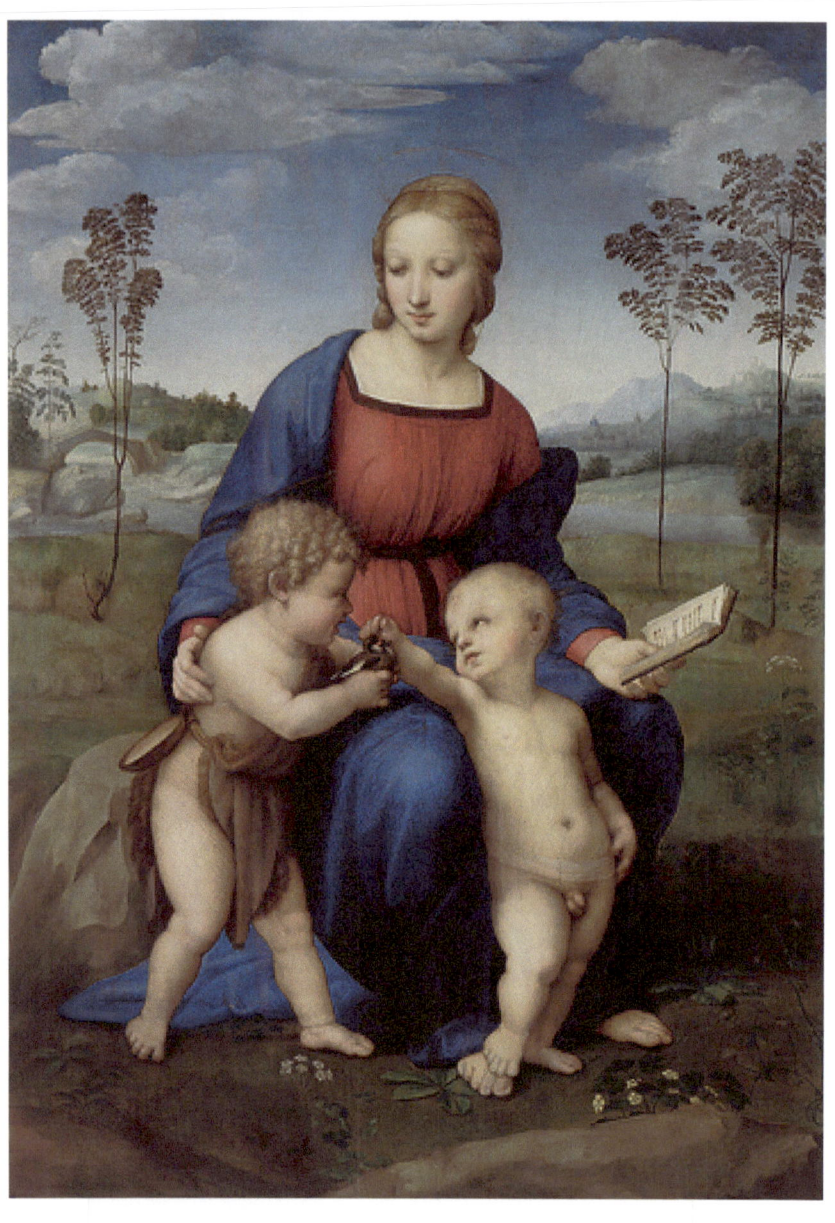

Raffaello, Madonna del cardellino, 1506, Uffizi, Firenze.

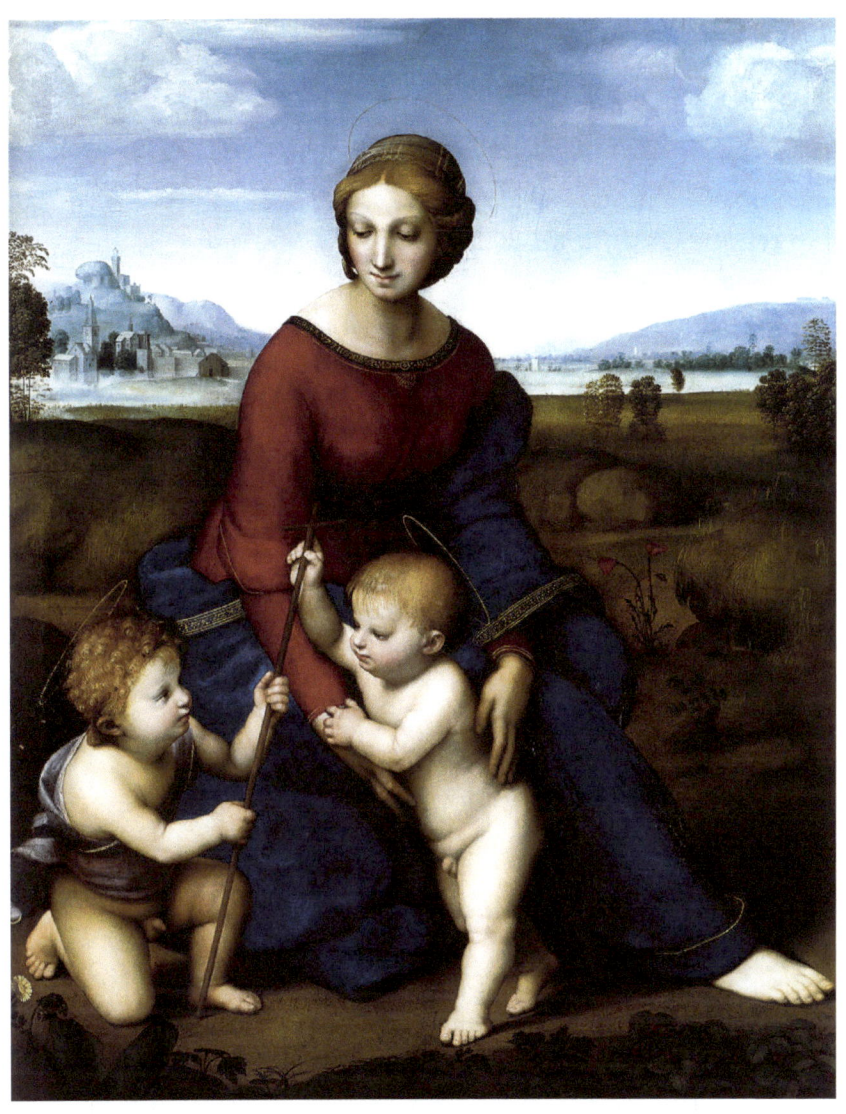

Madonna del Belvedere, Kunsthistorisches Museum, Vienna, 1506.

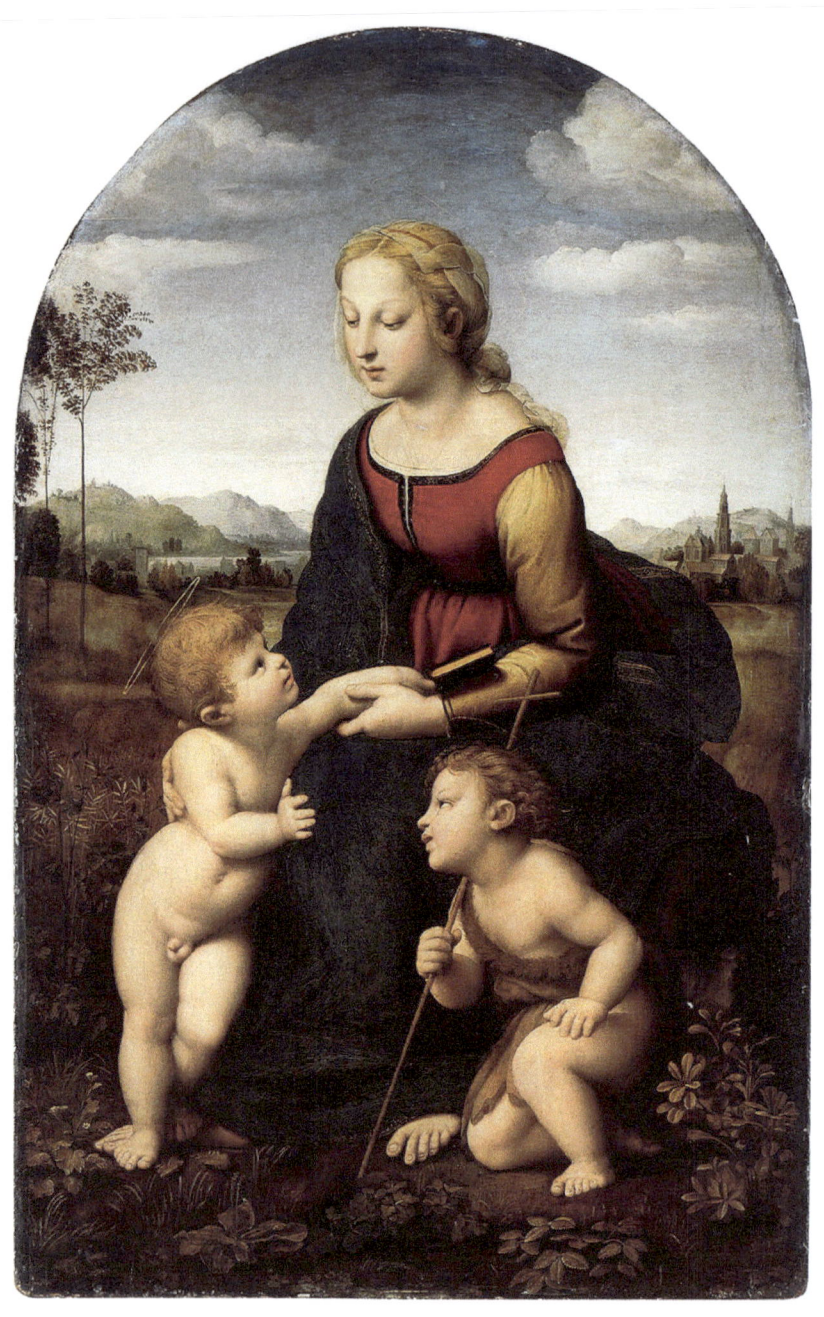

La Bella Giardiniera, Raffaello Sanzio, 1507, Museo del Louvre, Parigi.

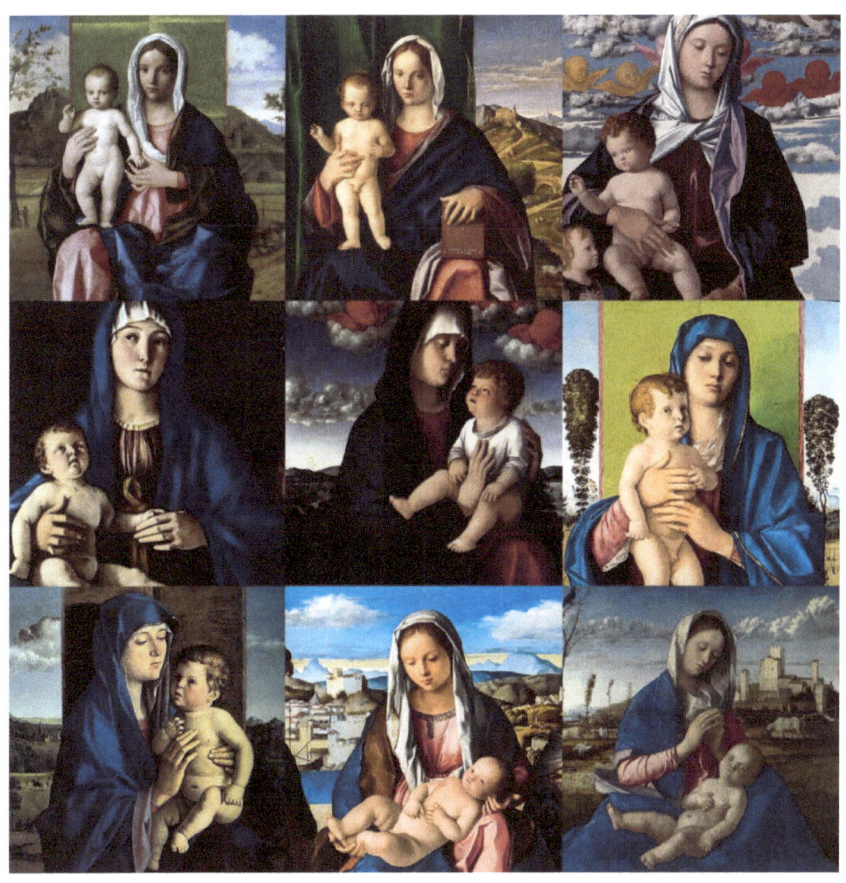

Alcune delle Madonne con Bambino di Giovanni Bellini.

Tra il 1504 e il 1508, Raffaello è a Firenze. Il clima culturale della città arricchisce il giovane pittore, che in soli 4 anni diventa uno dei massimi protagonisti del Rinascimento Maturo. Il tema della madonna col bambino e molto apprezzato dall'alta borghesia fiorentina e diventa a seguito delle numerose commissioni il principale soggetto su cui il giovane pittore si cimenta con crescente successo. Nascono capolavori come la Madonna del cardellino e la Bella giardiniera, impostati su composizioni piramidali di grande efficacia. In essi, la figura della Vergine, che affettuosamente si rivolge ai bambini, emerge con grazia ed eleganza davanti al paesaggio. Gesti familiari si riscontrano anche in opere come la Madonna d'Orleans in cui la vergine sembra solleticare il piede, al bambino e, ancora, la Madonna Cowper, in cui il bambino afferra spontaneamente il corpetto della madre e sorride allo spettatore. Le Madonne di Raffaello sono una preziosa testimonianza di come l'artista abbia saputo rinnovare convenzioni, gesti e atteggiamenti in combinazioni sempre più articolate. Nella Sacra Famiglia Canigiani, per esempio, le espressioni e gli sguardi si intrecciano con una tale varietà da rendere sublimi e poetici persino i momenti tratti dalla vita quotidiana. Anche nell'unica pala d'altare dipinta per Firenze, la Madonna del baldacchino, Raffaello stabilisce, tra le figure, una circolazione di moti e di sguardi tali da annullare ogni staticità compositiva. Simili caratteristiche, unite alla maestosa ambientazione architettonica e al respiro spaziale creato dalle figure fanno di questo dipinto il modello per le pale d'altare fiorentine del secondo decennio del secolo.

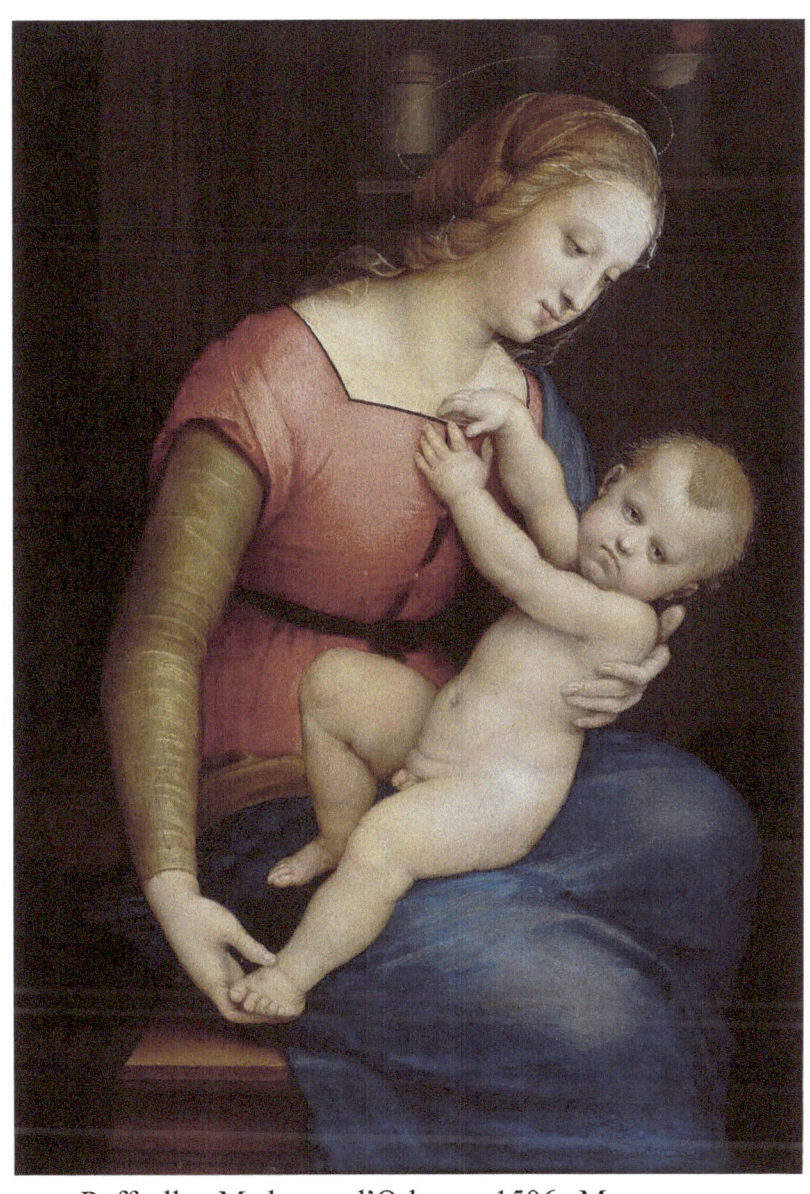

Raffaello, Madonna d'Orleans, 1506, Museo Condé, Chantilly.

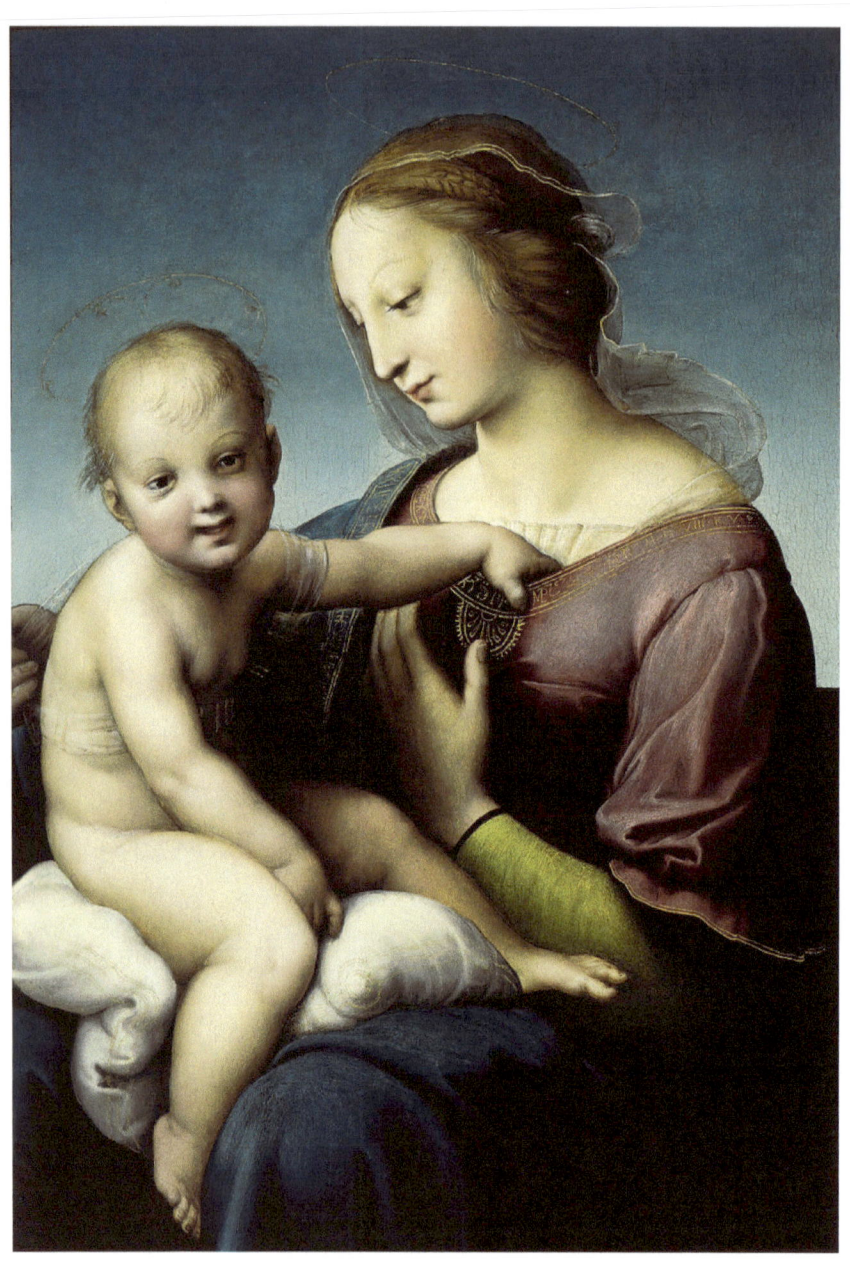

Raffaello, Madonna Cowper, 1508, National Gallery of Art, Washington.

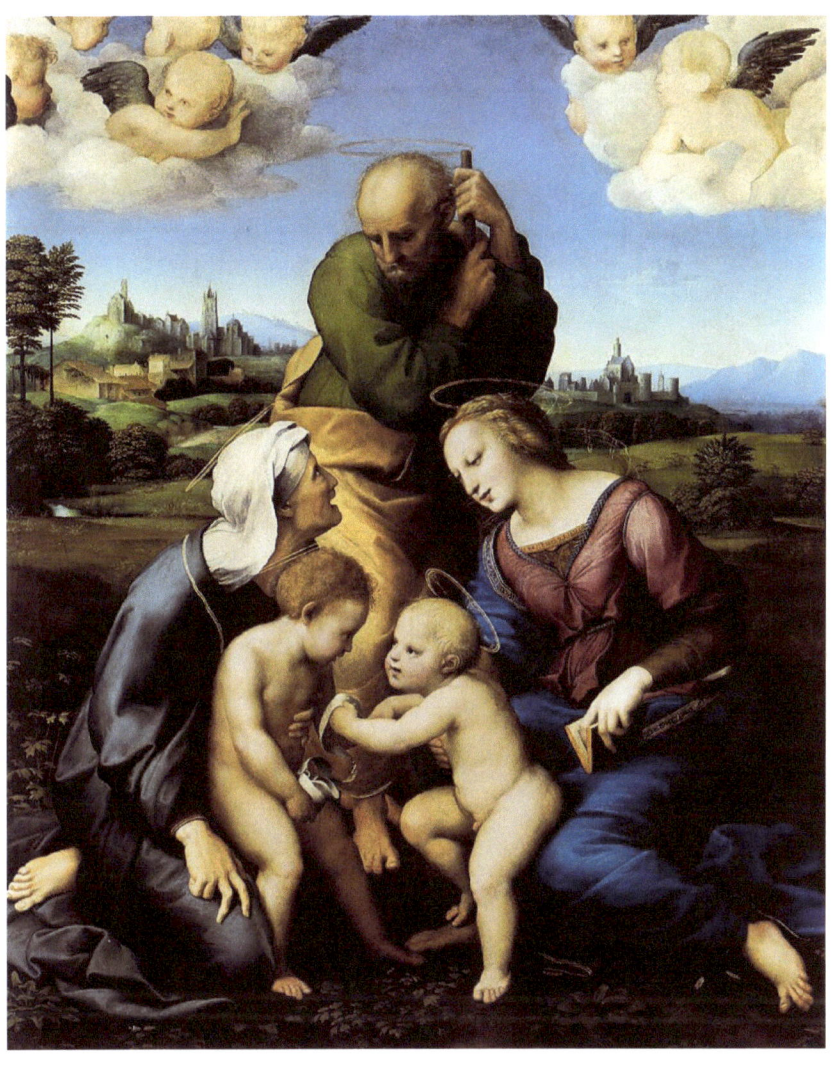

Raffaello, Sacra Famiglia Canigiani, 1507, Alte Pinakothek, Monaco.

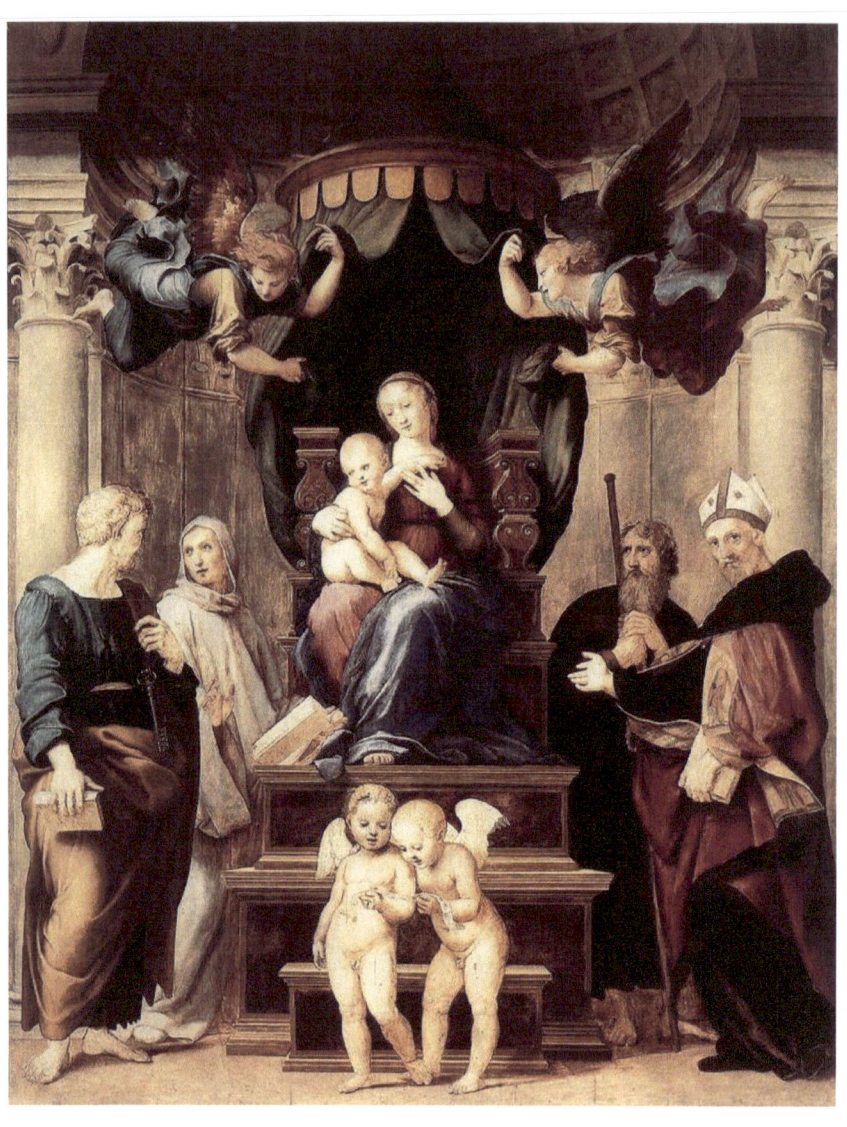

Raffaello, Madonna del Baldacchino, 1508, Firenze, Galleria Palatina.

Confronto con Michelangelo

Nel 1507, Raffaello è sempre a Firenze e dipinge, in quel momento, l'opera culminante del suo periodo fiorentino. L'opera viene dipinta per una chiesa di Perugia. Firenze in questo momento accoglie il giovane genio umbro ma non gli offre grandi commissioni pubbliche. Per la chiesa di san Francesco al prato a Perugia dipinge un grande polittico, di cui la parte centrale è oggi conservata a Roma, alla Galleria Borghese. Il dipinto è davvero emblematico, perché rivela, in questo caso, un confronto a tutto campo con Michelangelo e con l'antichità classica. Partiamo da Michelangelo. Quest'ultimo aveva realizzato a Firenze, qualche anno prima, un grande cartone preparatorio per un affresco che avrebbe dovuto essere realizzato nella sala dei cinquecento, a Palazzo Vecchio. Questo cartone, raffigurante la Battaglia di Cascina, aveva colpito enormemente i pittori presenti a Firenze, che lo avevano copiato numerose volte. Lo stesso Raffaello, probabilmente, ne era stato folgorato. Nel momento in cui Raffaello riceve da una nobildonna di Perugia, Atalanta Baglioni, la commissione di realizzare questo dipinto, prende, appunto, l'occasione di confrontarsi con il cartone Michelangiolesco. In effetti, questo dipinto, che come vedete rappresenta il trasporto di Cristo morto al sepolcro, è una scena tutta intessuta, mirabilmente, di citazioni michelangiolesche.

La citazione più evidente è sicuramente la pia donna inginocchiata a terra che si gira quasi di 180 gradi, con una torsione molto ardita nello spazio, per accogliere il corpo svenuto della Vergine. È una figura ripresa, in modo molto puntuale, dal Tondo Doni di Michelangelo. Anche il Cristo, col braccio abbandonato e sostenuto con fatica dalle figure che lo stanno trasportando, è certamente una riflessione su un capolavoro giovanile di Michelangelo, come la Pietà Vaticana di san Pietro. Tuttavia anche l'atletica figura di Nicodemo, rappresentato mentre energicamente sostiene il corpo di Cristo, rivela nel volto, soprattutto, quella energia, così potente e concentrata, che Raffaello doveva aver visto nel David Michelangiolesco. Al tempo stesso, però, in questo dipinto Raffaello comincia a riflettere su un altro dei modelli e dei paragoni che gli staranno a cuore per tutta la vita e cioè il confronto con l'arte classica. È evidente che a questo punto della sua carriera, Raffaello doveva già essere andato a Roma. Lo dimostrano la ripresa della Pietà Vaticana ma anche tanti altri indizi che noi abbiamo, e in questo caso è evidente che la scena stessa, con l'idea di rappresentare una scena dinamica e di vero e proprio trasporto che scorre davanti ai nostri occhi, è derivata dalla conoscenza delle sculture classiche di rappresentare con naturalezza il problema del movimento e, quindi, del dramma in atto. Ecco, questo dipinto così drammatico e così, narrativamente, complesso rispetto alla serenità delle Madonne fiorentine, ci dimostra un Raffaello, ormai, pronto per un altro grande mutamento della sua vita e pronto per un altro grande balzo vitale, per così dire, quello che di lì a poco lo porterà proprio a Roma e a confrontarsi direttamente con il mondo antico e con le nuove commissioni che i papi gli presenteranno.

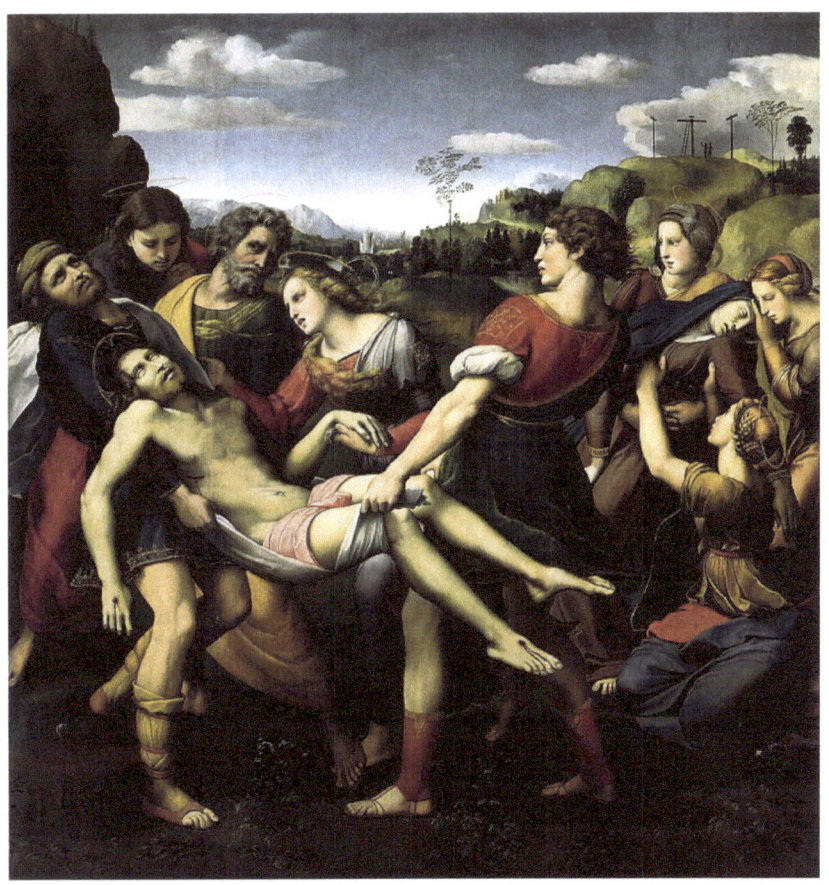

Raffaello, Trasporto del Cristo morto, in origine scomparto centrale della Pala Baglioni oggi smembrata. Galleria Borghese, Roma, 1507.

Ritratto di Giulio II

Nell'autunno del 1508, Raffaello si trasferisce, finalmente, a Roma. Lo chiamano grandi commissioni, in quel momento, da parte del pontefice Giuliano della Rovere, noto come Giulio II. In Vaticano è protetto dalla presenza di un artista, Bramante, conosciuto ed apprezzato negli anni di Urbino. Fino al 1970, il Ritratto di Giulio II, della National Gallery di Londra, era ritenuto una copia. Solamente un restauro ha permesso di poterlo identificare come l'originale di Raffaello. Fino ad allora l'originale era ritenuto una copia cinquecentesca. Giulio II era un committente di eccezionali ambizioni ed energia. Egli aveva chiamato, a Roma, per dipingere le Stanze in cui voleva andare ad abitare nel Palazzo Vaticano, una vasta equipe di pittori famosi del centro Italia, tra cui Michelangelo e Bramante. Il pontefice fu anche in grado, mostrando capacità di giudizio sorprendenti, di riconoscere in Raffaello quel genio che forse nessuno aveva ancora riconosciuto. Questo ritratto, realizzato da Raffello nel 1511, ci mostra un Giulio II inaspettato, per certi versi. L'immagine che noi abbiamo nella mente, di Giulio II, dalla letteratura e dalla storia, è quella, appunto, del pontefice guerriero con la spada in pugno che scala le mura delle città che voleva conquistare. Questo ritratto è invece spirituale, etico, in cui Giulio II si presenta con lo sguardo abbassato, come se stesse ricevendo un fedele inginocchiato ai suoi piedi.

La figura ha un viso abbastanza invecchiato ed una lunga barba che ha una storia molto interessante, perché all'epoca i pontefici non erano soliti, assolutamente, farsi crescere la barba. La barba, Giulio II se la fece crescere, in questo periodo, come una sorta di voto per ingraziarsi il fato e promettendo di non tagliarsela fino a che i francesi, suoi grandi nemici, non fossero stati cacciati e allontanati dall'Italia. Se la fece crescere dal 1510 e se la tolse nel 1512. In questo momento in cui Raffaello lo ritrae, la barba ha quindi un significato anche politico, in qualche modo: è il segno del desiderio, di Giulio II, di affermarsi politicamente e di sconfiggere i suoi grandi nemici francesi. Ci sono anche altre cose interessanti da ricordare, ad esempio si vede abbastanza bene che in un primo momento Raffaello aveva deciso di decorare lo sfondo con le chiavi papali e con gli emblemi dei della Rovere, ovvero le foglie di quercia, le ghiande e così via. Questa decorazione, così significativa dal punto di vista araldico, avrebbe disturbato l'effetto così potente così icastico del pontefice e così Raffaello decise, con un colpo di genio, di cancellare tutto questo e di dare al fondo un tocco di verde dominante, in contrasto col rosso della veste pontificia, con l'oro del trono, col bianco candido della veste che si vede in primo piano, dando un effetto cromatico di altissima efficacia: non dimentichiamo che nel 1511 a Roma arriva Sebastiano del Piombo, allievo di Giorgione e amico di Tiziano. Agostino Chigi, che porto, appunto, Sebastiano da Venezia a Roma, aveva portato anche i dipinti veneti di quel momento e Raffaello ne assorbe la lezione, facendo entrare nel suo linguaggio gli straordinari elementi cromatici, tipici della pittura veneta. Raffaello da al trono la forma di ghiande dorate, simboli araldici dei della Rovere, ma al tempo stesso utilizza la superficie convessa della terminazione del trono per creare degli straordinari effetti di riflesso. Pensate che se uno riesce a guardare da vicino ed ingrandire questi dettagli, si può vedere che all'interno sono riflesse le finestre e l'intera stanza e perfino il rosso della veste del papa si vede riflesso nel magico specchio convesso che Raffaello crea alle spalle del pontefice.

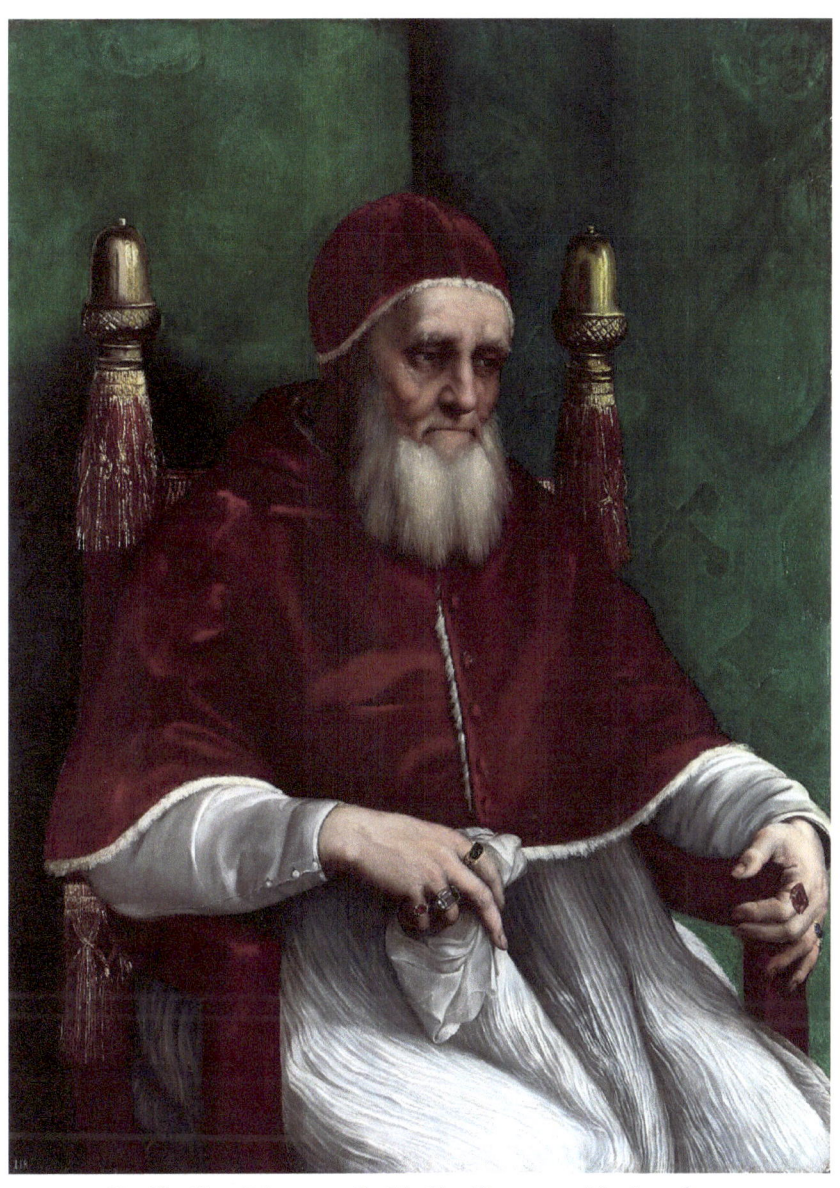

Raffaello, Ritratto di Giulio II, 1511, National Gallery, Londra.

L'epoca di Raffaello

Nella formazione di Raffaello, un ruolo basilare è rivestito dalla sua città natale, Urbino, centro artistico di primaria importanza. Qui infatti, a partire dalla seconda metà del Quattrocento, la raffinata corte ducale dei Montefeltro attira pittori, architetti, e letterati che irradiano, in Italia e in Europa, gli ideali del Rinascimento. Ad Urbino, l'artista di riferimento è Piero della Francesca, che nella cittadina marchigiana raggiunge un insuperabile equilibrio tra l'adozione di severe regole geometriche e il respiro monumentale della pittura. Quando Raffaello giunge a Firenze, nel 1504, nella città toscana l'approccio moderato del governo repubblicano, insieme alla contemporanea presenza delle personalità più innovatrici dell'arte fiorentina, come Leonardo e Michelangelo, favorisce l'approdo allo stile rinascimentale maturo. A Roma, domina uno dei papi più energici, grandi e controversi della storia, Giulio II Della Rovere. I dieci anni del suo pontificato, dal 1503 al 1513, sono disastrosi dal punto di vista militare e finanziario ma allo stesso tempo segnati da grandi commissioni di opere d'arte. Il pontefice, infatti, elabora un audace e ambizioso programma di rinnovamento della città che coinvolge i migliori artisti dell'Italia centrale: l'obiettivo è quello di restituire a Roma, e all'autorità papale, la grandezza del passato imperiale.

In questo clima, mentre il Buonarroti viene incaricato di dipingere la volta della cappella sistina e Bramante viene incaricato di dirigere i lavori della Basilica di San Pietro, Raffaello intraprende la decorazione delle stanze nell'appartamento privato del Papa. Con il seguente Papa, Leone X, si assiste a un progressivo diffondersi di un clima ottimista nella città, in cui la chiesa sembra realizzare il mito del Rinascimento e promuovere, con l'esaltazione dell'antico, un'ultima età dell'oro.

La Scuola di Atene

Quando Raffaello arrivò a Roma, nel 1508 fu messo a lavorare, da Giulio II e da Bramante, nella Stanza della Segnatura. In questa Stanza stava già lavorando un pittore, di Vercelli, che si era affermato a Siena negli anni precedenti, che aveva dipinto già parte della volta, si tratta del Sodoma. Raffaello lavorò alle pareti e non appena fu completato l'affresco della Scuola di Atene, Giulio II rimase colpito dall'elevata qualità dell'opera e allo stesso tempo apprezzò la diversità dello stile degli altri artisti come Sodoma, il Perugino, Peruzzi, Lorenzo Lotto, Bramantino. Il Papa decise di licenziare tutti questi artisti e di affidare il compito di decorare, non solo la Stanza della Segnatura ma tutte le Stanza dell'appartamento privato papale al giovane e ancora inesperto Raffaello.

La Scuola di Atene è l'affresco più celebre della Stanza della Segnatura e rappresenta una sintesi del pensiero filosofico classico all'interno di una grande aula coperta da stupende volte a botte e da una grande cupola centrale.

Raffaello ha ambientato una sorta di summa dell'intera storia filosofica greca e latina, collocando al centro della composizione, così equilibrata e così simmetrica, i due principali filosofi del mondo classico: Platone e Aristotele. Platone con il dito indica al cielo, alludendo alla metafisica, oggetto principale dei suoi studi. Aristotele indica la terra, simbolo dell'etica e delle scienze naturali. Attorno ai due grandi filosofi si distendono i ritratti di tutta una serie di altri filosofi antichi. I filosofi sono rappresentati senza i loro nomi e sono riconoscibili sulla base dei loro gesti, delle loro attitudini e degli oggetti che tengono fra le mani. Socrate è riconoscibile perché sta dialogando col famoso metodo della maieutica che lo caratterizzava. Diogene è riconosciuto perché vestito poveramente quasi come un mendicante, raffigurato mentre sta seduto nella meravigliosa scalinata classica. In primo piano ci sono anche scienziati, astronomi e l'intera summa di filosofi e scienziati del mondo classico greco-romano. Raffaello sintetizza egregiamente questa immagine intellettuale con una straordinaria semplicità e complessità al tempo stesso. È semplice in quanto l'artista obbedisce alla simmetria bilaterale, in cui tutto ciò che è rappresentato si risponde, in qualche modo, da una parte all'altra della scena e al tempo stesso complicatissima in quanto ogni figura è caricata di una grande energia psicologica: basti pensare che non solo i protagonisti sono così fortemente caratterizzati, ma anche i comprimari sono dotati della stessa forza psicologica. Questo dipinto fa parte di un complesso di dipinti dove tutto si risponde e nella parete di fronte, non a caso, Raffaello aveva dipinto la Disputa del Sacramento in cui ha riassunto, come nella Scuola di Atene, l'intera storia del pensiero cristiano. Dunque si può ammirare questo interessante confronto tra pensiero cristiano e pensiero pagano che si compenetrano e si completano al tempo stesso. Raffaello rappresenta, così, l'idea di armonica prosecuzione tra mondo classico e mondo cristiano, tipicamente della cultura del Primo Rinascimento. La Scuola di Atene rivela anche un altro motivo di interesse, perché oltre ad essere una grande storia della filosofia del pensiero, fatta in immagini, dimostra anche di essere stato pensato per celebrare, almeno in parte, il mecenatismo artistico del pontefice. Se noi osserviamo attentamente possiamo riscontrare che in questo dipinto sono presenti i ritratti, o per meglio dire i cripto ritratti, degli artisti che stavano lavorando per il pontefice. Cripto ritratto è un termine he gli storici dell'arte utilizzano quando in una scena ambientata nel passato sono presenti sotto le vesti di personaggi di un'altra epoca. La particolarità dell'opera sta nei volti dei filosofi antichi, raffigurati con quelli degli artisti del tempo, che hanno il compito di far rivivere, nel presente e in chiave moderna, quella che fu la grande cultura classica. Platone è dipinto con il volto di Leonardo, mentre Eraclito, solitario e pensoso, con quello di Michelangelo. Bramante invece è impersonato nel matematico Euclide. Sulla destra vi è anche l'autoritratto dell'artista stesso, posizionato tra i sapienti classici. La Scuola di Atene è la sintesi tra mondo antico e mondo cristiano, sotto un'architettura dove tutto si compone, dove nelle figure di Aristotele e Platone vi è un pensiero che il mondo cristiano assorbe e fa diventare proprio: non c'è un pittore più filosofico di Raffaello, né più capace di offrire l'ordine del mondo e delle idee sotto apparenze di rappresentazioni di una storia o di un concetto. Raffaello dipinge concetti, dipinge idee. È un pittore dell'ideale che nell'arco di pochi anni definisce un'idea del mondo che è un'idea classica, nessun pittore è stato capace come lui di esprimere le idee nella pittura. L'opera esalta la filosofia, intesa come l'unica strada percorribile per raggiungere la verità. Personaggi della matematica e della filosofia vengono rappresentati insieme a personaggi dell'arte del tempo, per evidenziare il legame tra il moderno e il sapere antico.

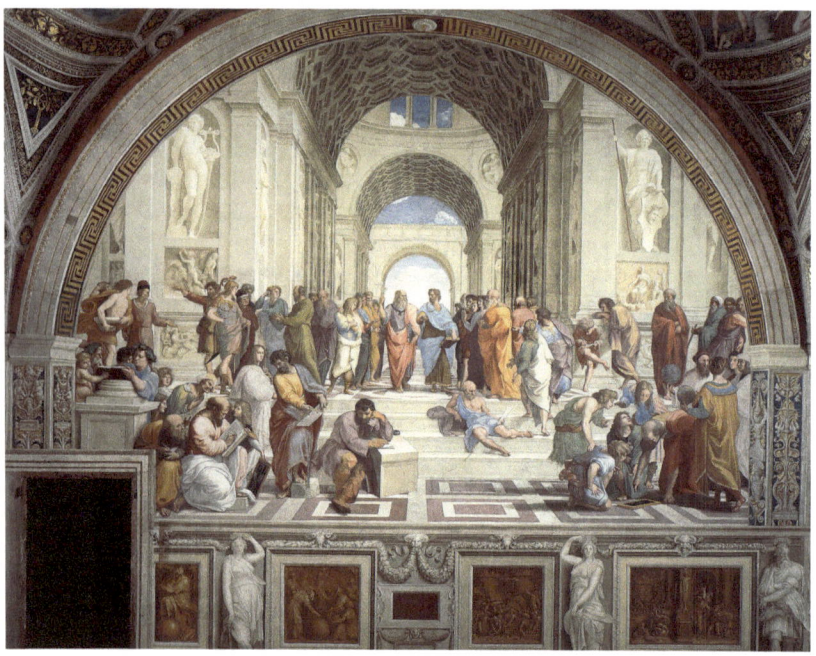

La Scuola di Atene.

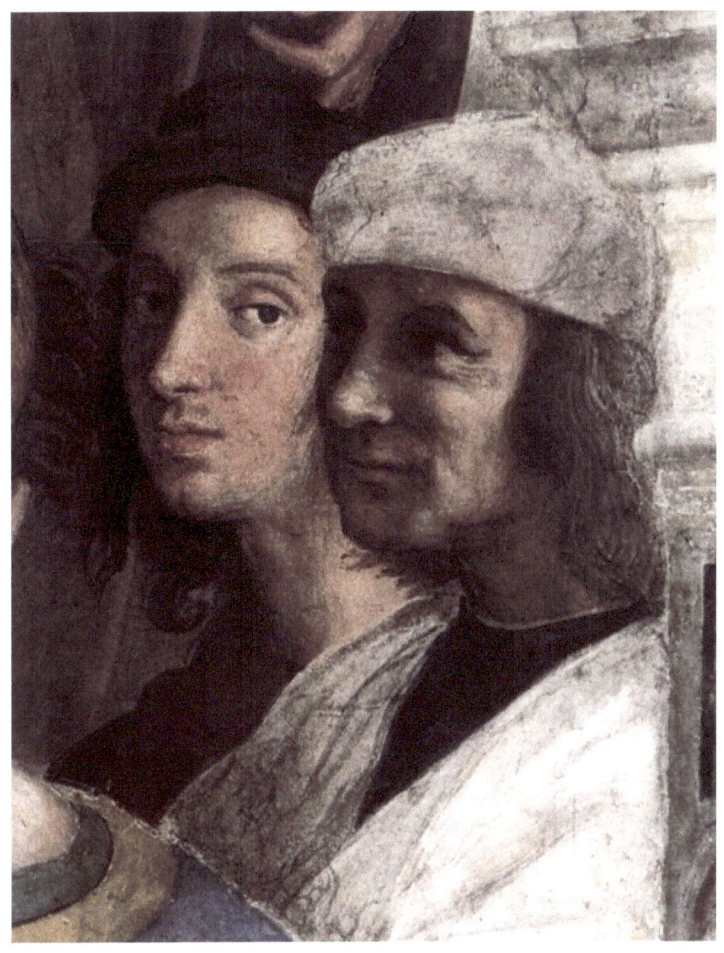
Particolare, autoritratto di Raffaello, Scuola di Atene.

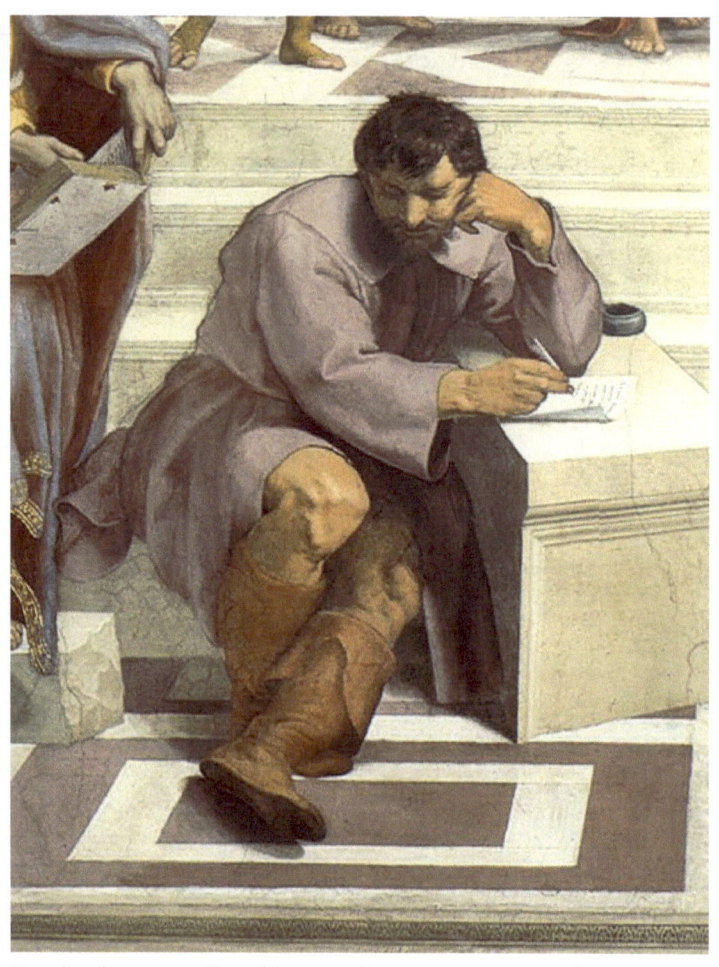

Particolare, Eraclito, impersonato da Michelangelo, Scuola di Atene.

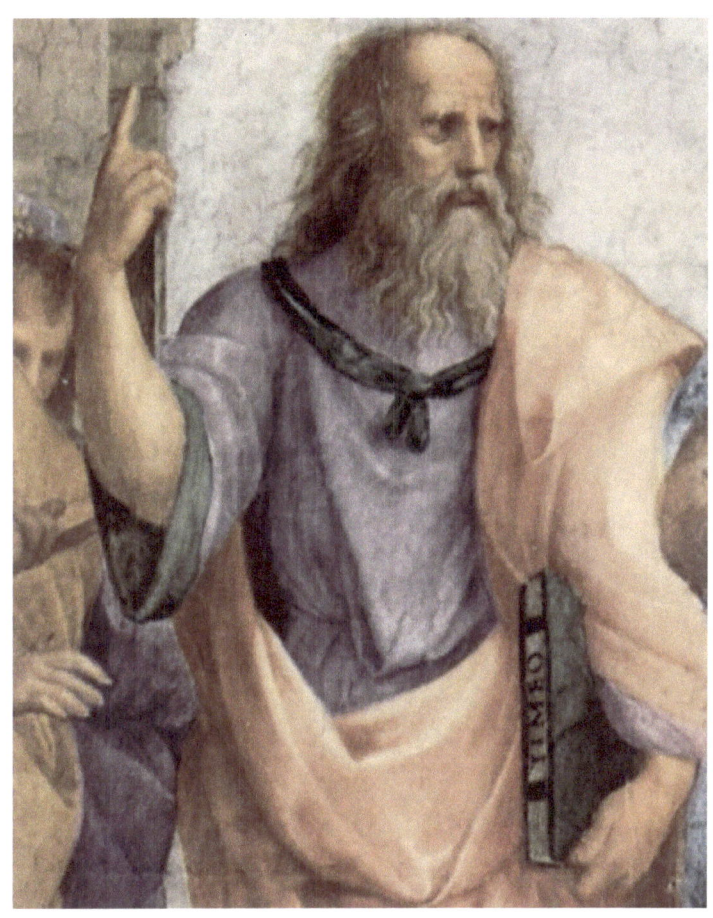

Particolare, Platone, impersonato da Leonardo, Scuola di Atene.

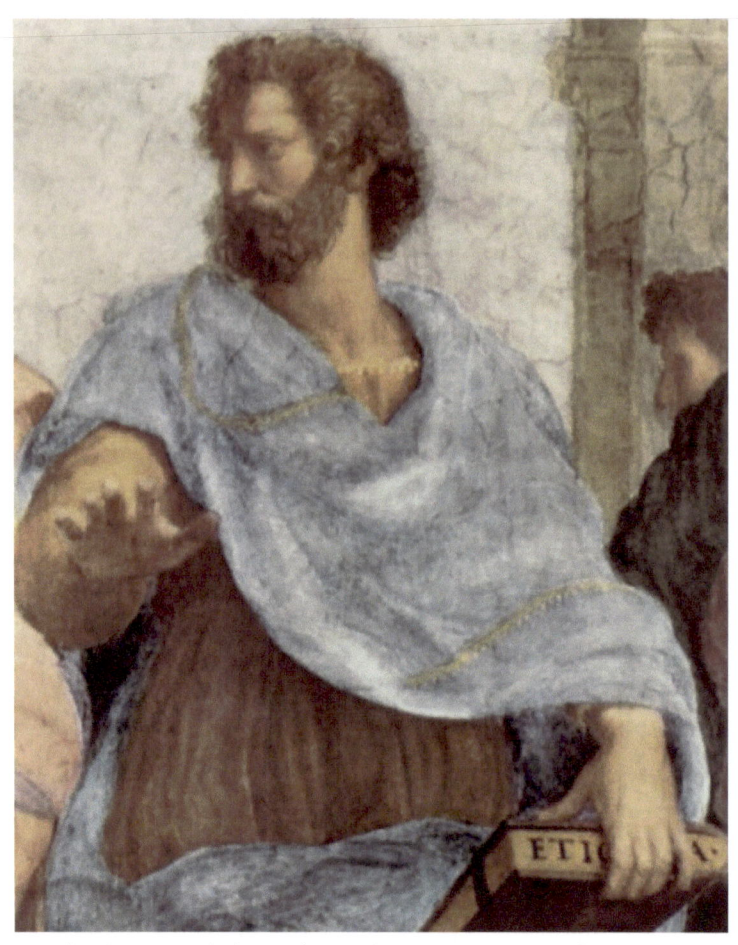

Particolare, Aristotele, impersonato da Sangallo, Scuola di Atene.

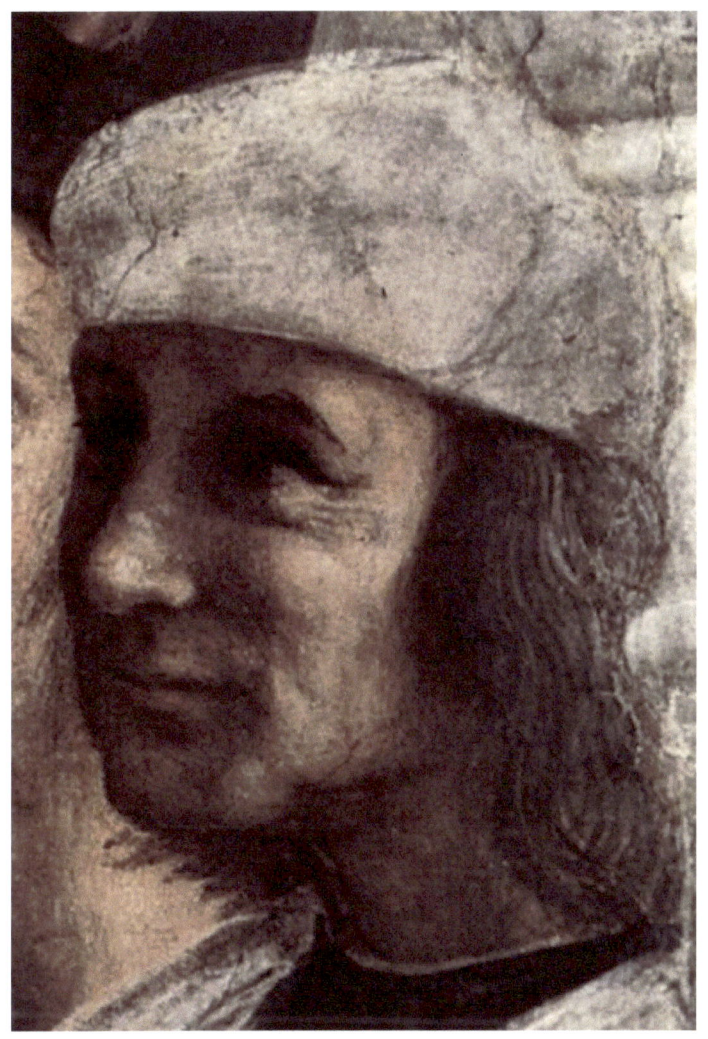

Particolare, Protogene, impersonato da Perugino, Scuola di Atene.

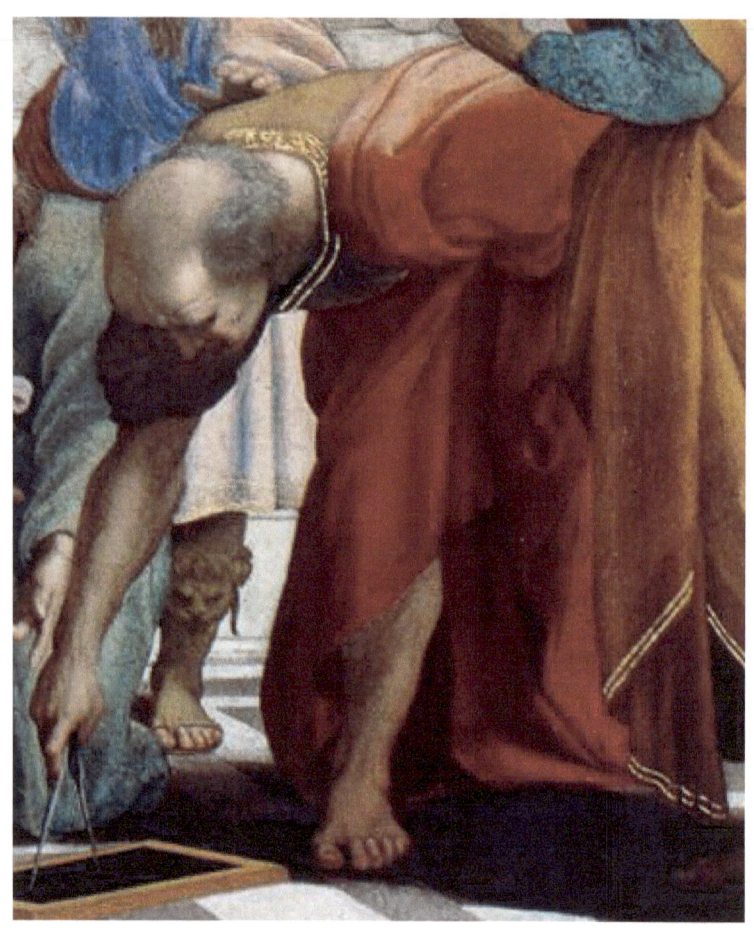

Particolare, Euclide, impersonato da Bramante, Scuola di Atene.

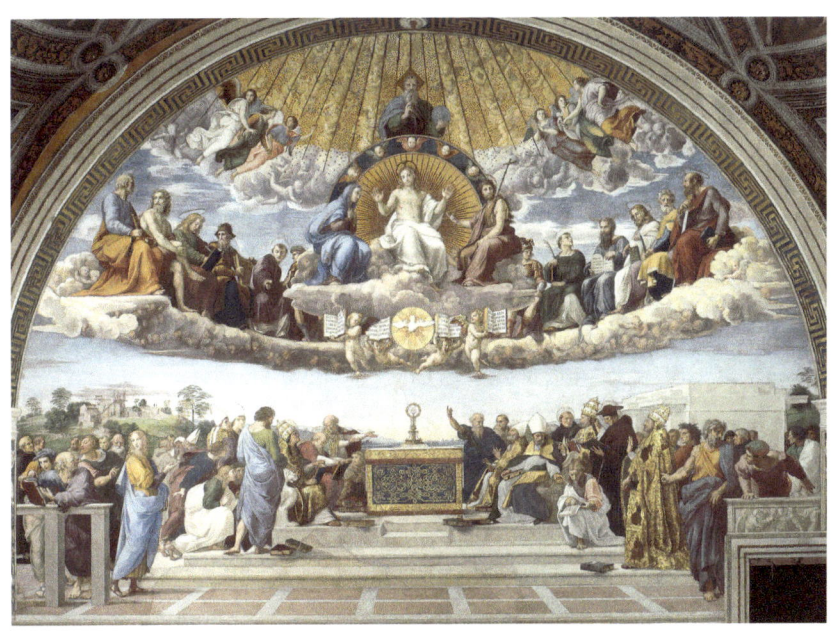

La Disputa del Sacramento, Stanza della Segnatura, Stanze Vaticane, Raffaello Sanzio, 1509.

La Madonna Sistina

Nel 1512 Raffaello dipinge la Madonna Sistina uno, dei suoi capolavori più universalmente noti. Questo dipinto fu realizzato per una chiesa di Piacenza, la Chiesa di San Sisto. La motivazione storica consiste nel fatto che i piacentini si erano schierati con il pontefice contro i francesi e quindi, in qualche modo, vengono ricompensati con questo capolavoro, che Giulio II fa realizzare a Raffaello e fa spedire, appunto, in pianura padana. Il dipinto è rimasto a Piacenza dal 1513 fino alla metà del Settecento quando poi fu venduto ad Augusto di Sassonia. Oggi, appunto, rappresenta la gemma, l'opera più famosa della Pinacoteca di Dresda. È un'opera che costituisce una vera e propria rivoluzione nel campo della pala d'altare perché è concepita secondo una visione prettamente teatrale. Sembra quasi una sacra rappresentazione. Raffaello ha fatto di tutto per mettere in evidenza questo elemento, addirittura ha creato un sipario che si apre davanti ai nostri occhi: il tendaggio verde appeso a una sbarra di metallo ed è importante notare piegatura della stessa sbarra sotto il peso stesso del tendaggio. È un effetto realistico, questo, bellissimo, ma un effetto illusionistico che vuole quasi farci immaginare che la tenda sia reale, che abbia un peso, in qualche modo, come un oggetto che si potesse vedere su un palcoscenico. E il palcoscenico, come vedete, è veramente rappresentato perché, in primo piano, si vede un palco di legno su cui sono appoggiati questi due famosissimi angioletti e su cui il pontefice San Sisto ha appoggiato la sua chiara pontificia.

Quindi è come se noi assistessimo ad una sacra rappresentazione in atto, come se Raffaello avesse portato l'immagine trascendente, mistica dell'apparizione della Vergine col Bambino in una sorta di teatro a contatto diretto con l'osservatore. Il contatto con l'osservatore è cercato da Raffaello non solo facendo sì che la Madonna guardi negli occhi l'osservatore, ma anche attraverso i gesti, gli sguardi dei personaggi. San Sisto è una figura di un pontefice che, vedete, sta guardando la Vergine ma, al tempo stesso, con la mano destra indica verso i fedeli assiepati ai piedi di questa pala d'altare, quindi in qualche modo coinvolge il pubblico all'interno della scena. Al contrario, invece, Santa Barbara sulla destra volge lo sguardo verso il basso per guardare appunto i due angioletti che sono appoggiati sul proscenio. La Madonna è una figura di grandissima umanità, il Bambino in particolare, così scarmigliato, così un po' quasi un monello è stato detto, forse esagerando, per cogliere questo effetto di naturalezza realistica che rende l'immagine sacra così comunicativa, così parlante, così capace appunto di rivolgersi a tutti. Appunto si sta avanzando verso di noi su questo mare di nuvole e le vesti ondeggiano per rendere evidente in movimento i due angioletti, appunto famosissimi anche perché utilizzati in ogni modo nel Novecento, nelle pubblicità o in ogni tipo di forma di comunicazione. Essi sono un'altra delle trovate geniali di questa pala d'altare perché, vedete, sono due angioletti che sembrano quasi annoiarsi dello spettacolo a cui stanno assistendo: uno appoggiato col mento sulle mani, l'altro si sostiene la testa guardando un po' perplesso quello che avviene in primo piano, come fanno i bambini spesso a teatro che un po' si annoiano, un po' si addormentano di fronte alle rappresentazioni. Anche questo è un dettaglio straordinario, non a caso che ha avuto questa immensa fortuna, perché, in questo caso, appunto, Raffaello è riuscito a rendere incredibilmente umano e vicino al cuore di tutti anche l'immagine angelica: è un dipinto capace di farci toccare con mano il motivo dell'universale fortuna di questo pittore. La virtù più grande di Raffaello è quella di saper parlare ad ogni strato sociale, di rivolgersi a tutti senza differenze di classe o di culture, attraverso la sua capacità di saper fondere in se stesso tutte le maniere, tutti gli stili di un'epoca e di creare al tempo stesso delle immagini che siano, in qualche modo, definitive, classiche e perfette.

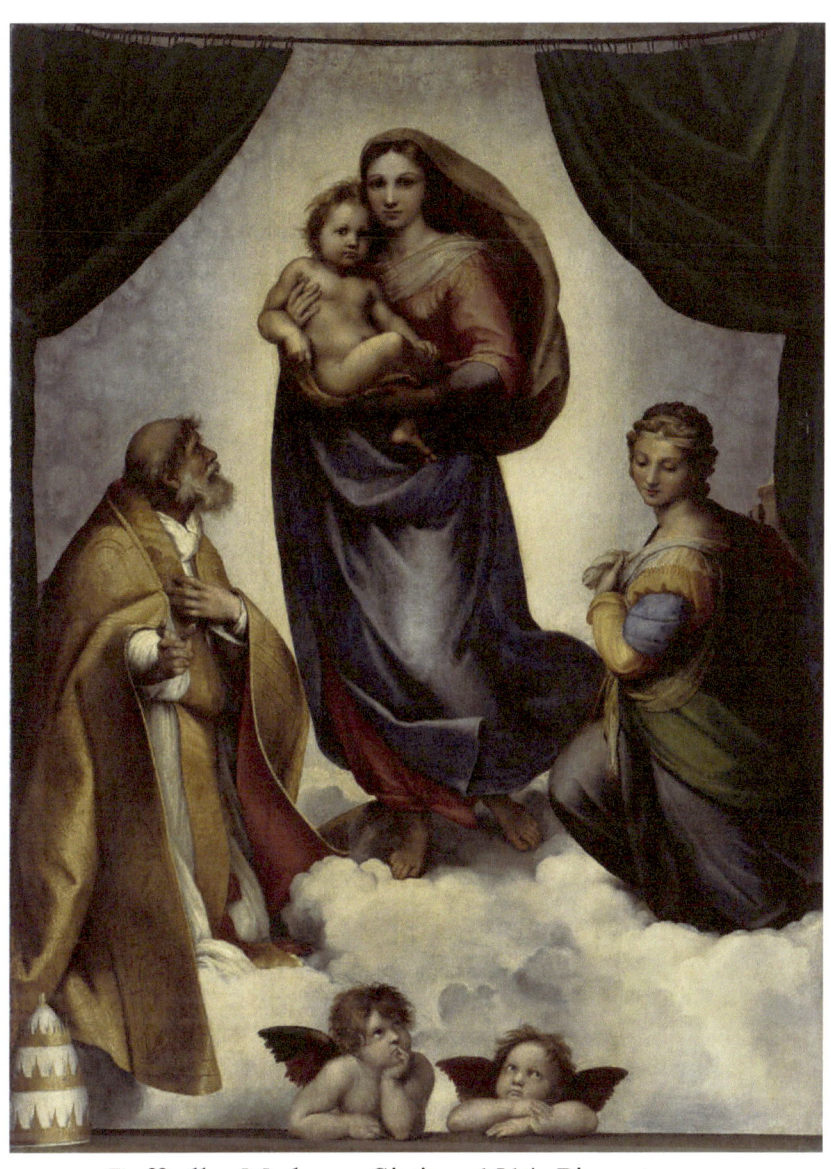

Raffaello, Madonna Sistina, 1514, Pinacoteca di Dresda.

Liberazione di San Pietro

Ci troviamo ora nella seconda stanza vaticana dipinta da Raffaello, la cosiddetta Stanza di Eliodoro. È una stanza che fu dipinta da Raffaello sempre per volontà di Giulio II e che aveva, in origine, la funzione di stanza dell'udienza, cioè dove il pontefice riceveva gli ambasciatori, gli ospiti illustri, e quindi un ambiente più pubblico rispetto alla Stanza della Segnatura, dove le scene affrescate acquistano quindi un significato politico ideologico più chiaro, più marcato. Tra gli affreschi di questa stanza, tutti capolavori autografi del pittore, quello che forse più sorprende è proprio la Liberazione di San Pietro dal Carcere, un dipinto che, come vedete, racconta un episodio degli Atti degli Apostoli, racconta cioè il momento in cui San Pietro, in carcere a Roma, viene liberato miracolosamente dall'apparizione di un angelo che scioglie le catene. Si tratta di una scena che doveva avere per il committente, per Giulio II, una forte attualità anche politica. Giulio II era stato cardinale di San Pietro in Vincoli, a Roma, e come dice la parola stessa, San Pietro in Vincoli, si tratta della chiesa di Roma dove erano conservati i vincoli, ovvero le catene di San Pietro. e quindi era una chiesa legata direttamente al nome e alla funzione cardinalizia del committente. Dunque era una sorta di celebrazione di questa liberazione di San Pietro, come la liberazione che Giulio II aveva ottenuto, dell'Italia, dai francesi proprio nel 1512, quando fu dipinto questo affresco.

Il dipinto ha due elementi che lo rendono assolutamente memorabile. Un primo motivo di interesse sta nell'originalissima scelta narrativa presente. Qui Raffaello, come vedete, doveva rapportarsi con una parete che era interrotta al centro da una grande finestra. La scena nasce e si sviluppa a partire dal centro dove, dietro questa bellissima inferriata vista in controluce, si vede il momento in cui San Pietro è seduto per terra, con ancora le mani legate, e ci sono due guardie in armatura che lo stanno guardando. C'è anche l'angelo che appare in un bagliore improvviso, una luce divina che squarcia le tenebre e che appunto evidenzia l'esplodere, in qualche modo, del miracolo davanti ai nostri occhi. La seconda scena si svolge sulla destra, in cui vediamo l'angelo che ha preso per mano San Pietro, le catene non ci sono più, e lo sta portando fuori dalla prigione. In primo piano si vedono due guardie addormentate sugli scalini che verranno di lì a poco superate dall'angelo e da San Pietro. Le due figure stanno avanzando verso di noi che ci troviamo di fronte all'affresco, lo stiamo guardando e lo spettatore quindi, ancora una volta, è coinvolto all'interno della scena, come se fosse presente in uno spazio che non si limita alla superficie dell'affresco ma si estende allo spazio tridimensionale della stanza in cui si trova lo spettatore. La conclusione della storia si vede dalla parte opposta, quindi è come se la storia iniziasse al centro, andasse avanti a destra, fluisse nella stanza e rientrasse nell'affresco dalla parte opposta dove, appunto, in un diverso momento temporale, si vedono le guardie con le fiaccole in pugno: stanno svegliando i soldati addormentati sulle scale, indicando la prigione che dobbiamo immaginarci, a questo punto, vuota e priva di

San Pietro. Quindi si tratta di un'immagine circolare, come vedete, originalissima nella sua struttura narrativa e permette alla storia di distendersi secondo un arco cronologico e temporale abbastanza dilatato, dalla notte fonda al mattino, all'alba. Questa originalità compositiva registica che ci fa pensare a Raffaello davvero come un grande regista, anche oltre che un grande pittore, è resa ancora più memorabile dall'uso delle luci che è davvero straordinario in questo affresco. Raffaello qui ha giocato probabilmente con altri modelli rispetto a quelli che abbiamo citato fino ad ora, probabilmente con modelli nordici, con modelli fiamminghi, tedeschi, dove i pittori del Nord Europa spesso si divertivano a inserire luci artificiali all'interno dei dipinti, giocando con diverse fonti luminose. Ma Raffaello, come sempre, lo fa ad un livello di maestria quasi insuperabile. Ci sono almeno quattro fonti di luce diverse in questo dipinto: la luce sulfurea, mistica dell'angelo che si vede due volte, al centro e a destra, la luce argentea della luna nel cielo ancora notturno, la luce rossa dell'alba che sta cominciando a incorporare l'orizzonte, come vedete, e poi la luce artificiale della fiaccola tenuta dal soldato. Tutte queste luci si moltiplicano quasi all'infinito nei riflessi davvero straordinari che si possono ammirare nelle corazze dei soldati. Si tratta di una scena, quindi, davvero memorabile, un tour de force davvero, come si suol dire, di virtuosismo sia registico che luministico, che dimostra, appunto, nel 1512, anno in cui Raffaello raggiunge la sua maturità: arrivati a questo punto, Raffello veniva celebrato come il massimo pittore di Roma.

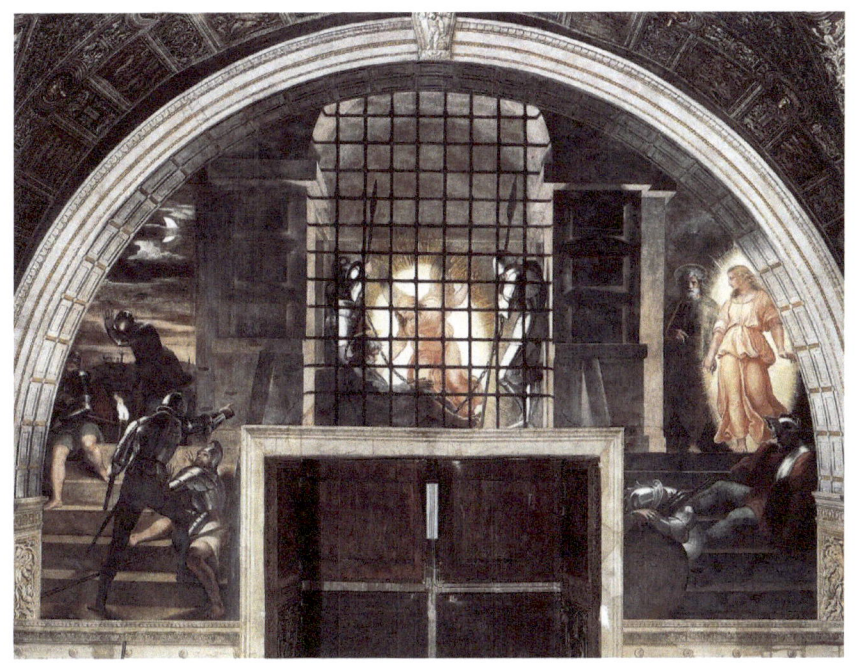

Raffaello, Liberazione di San Pietro, 1514, Stanza di Eliodoro, Musei Vaticani.

Madonna della seggiola

La Madonna della Seggiola, conservata nella Galleria Palatina a Palazzo Pitti, è uno dei capolavori più celebrati di Raffaello. La sua popolarità è cresciuta nel corso dei secoli, diventando quasi l'immagine iconica del Rinascimento del centro Italia. Tuttavia, le informazioni sulla sua origine sono scarse. Apparve a Firenze alla fine del Cinquecento e guadagnò prestigio soprattutto nei secoli successivi. Nel Settecento, soprattutto nell'Ottocento, la mancanza di informazioni sull'opera portò alla creazione di una leggenda romantica. Secondo questa storia inventata dai ciceroni ottocenteschi, Raffaello avrebbe incontrato una famiglia contadina durante una passeggiata nella campagna romana e, impressionato dalla loro bellezza, avrebbe immortalato la scena su un coperchio di bottiglia con un gessetto nero. Anche se affascinante, questa narrazione romantica è completamente inventata. In realtà, la Madonna della Seggiola è il risultato di un lavoro meticoloso e meditato da parte di Raffaello. Affrontando la sfida della forma circolare del dipinto (il tondo), l'artista ha creato un'armonia perfetta tra la cornice, la forma tonda e le immagini al suo interno. Ogni dettaglio, dalle pose delle figure alla disposizione degli oggetti, è stato attentamente calcolato per adattarsi alla forma del dipinto. L'iconografia della Madonna nella Seggiola è altrettanto interessante.

Il gesto protettivo della Madonna che stringe il Bambino al seno potrebbe suggerire la preveggenza della Vergine sulla passione futura di Cristo, una tematica ricorrente nell'arte religiosa dell'epoca. Inoltre, i dettagli degli abiti della Madonna potrebbero alludere all'aspetto di una sibilla, conferendo all'opera un significato più profondo e simbolico. Raffaello ha anche utilizzato abilmente elementi come il trono ligneo su cui è seduta la Madonna e la sfera dorata sulla sedia, che potrebbe essere un riferimento araldico ai Medici: che siano i committenti dell'opera? Se possiamo, ancora oggi, ammirarla in Italia è merito del Canova, l'eroe che riportò in Italia i furti napoleonici, tra cui, appunto, la Madonna della seggiola.

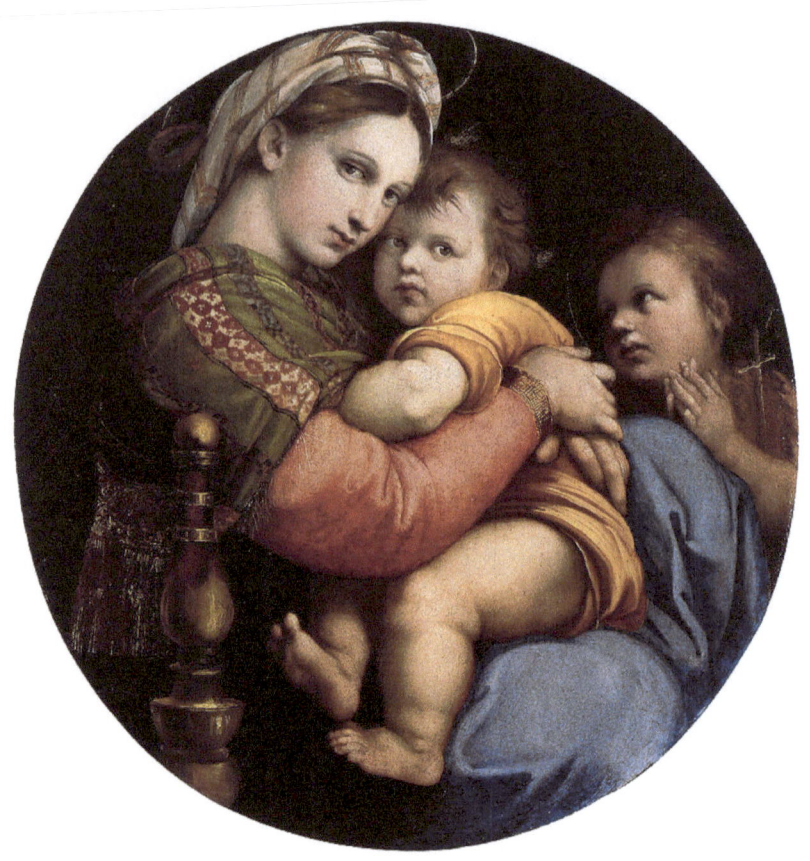

Raffaello, Madonna della seggiola, 1514, Palazzo Pitti, Firenze.

Raffaello e l'antico

Nel 1515, durante il pontificato di Leone X, Raffaello riceve un importante incarico: la tutela e la catalogazione del patrimonio archeologico romano. Questo incarico diventa il fulcro dei suoi principali interessi culturali e artistici. Nell'epoca della riscoperta del mondo antico, lo studio degli esempi classici e la loro reinterpretazione in nuove forme di bellezza sono fondamentali nell'opera dell'artista urbinate. Raffaello viene visto dai suoi contemporanei come la reincarnazione degli antichi maestri, la personificazione di una perfezione artistica insuperabile, preannunciando ciò che avrebbe fatto lo scultore Antonio Canova tra il Settecento e l'Ottocento. La sua sistematica investigazione dell'architettura antica porta al rinvenimento di edifici classici decorati con dipinti e stucchi, che suggeriscono al maestro nuovi motivi ornamentali. Un esempio tangibile di questa ispirazione sono le decorazioni grottesche, ispirate ai modelli delle stanze della Domus Aurea. Inizialmente scambiate per grotte a causa della loro posizione sotto il livello del suolo e del deterioramento dovuto al tempo, queste decorazioni diventano fonte di ispirazione per Raffaello. Attraverso una precisa ricognizione archeologica, Raffaello reinventa un nuovo modello estetico che si diffonde presto in tutte le residenze signorili italiane ed europee. La sua capacità di fondere il mondo antico con la contemporaneità ha un impatto duraturo sull'arte e sull'architettura del Rinascimento e oltre.

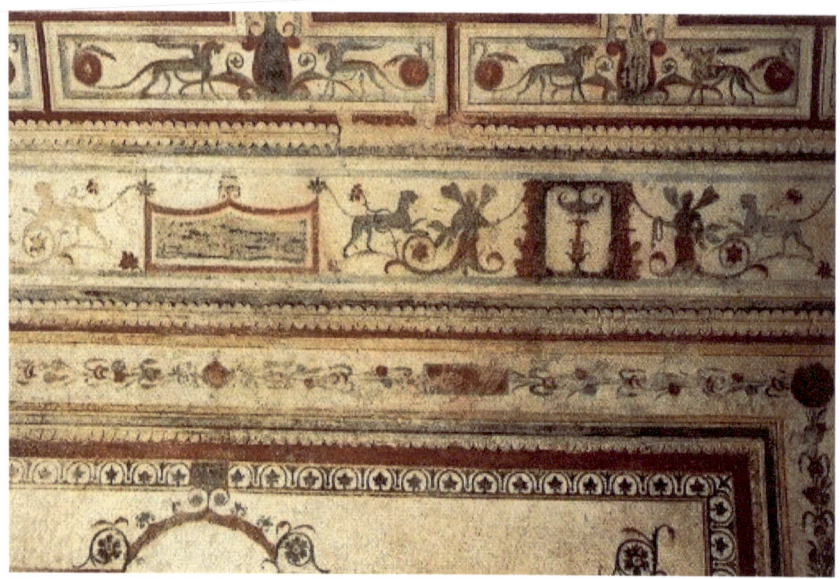
Decorazioni grottesche della Domus Area.

L'Incendio di Borgo

Nel 1514, il nuovo papa Leone X, figlio di Lorenzo de' Medici, decide di avviare la decorazione della terza stanza dell'appartamento privato in Vaticano, un ambiente presumibilmente adibito a sala da pranzo ufficiale del pontefice. Questo spazio doveva essere destinato all'accoglienza di ambasciatori e illustri ospiti in visita al Vaticano. Dobbiamo ricordare che Papa Leone X era un grande amante ed ammiratore dell'arte di Tiziano Vecellio, il pittore cadorino che sarebbe, ben presto, diventato il più grande, influente, richiesto, apprezzato ed imitato artista di tutti i tempi. Leone X prega il cardinale veneziano Pietro Bembo di portare Tiziano a Roma, come artista principale della corte papale. In un contesto in cui il Papa aveva a disposizione nomi pesanti che rispondevano a quelli di Michelangelo, Raffaello e Sebastiano del Piombo, e dobbiamo aggiungere anche Leonardo che in quel periodo si trovava proprio a Roma, la volontà del Papa di avere Tiziano, che in quel momento stava incantando letteralmente tutto il Veneto a suon di dipinto, spinse Pietro del Piombo a mandare un invito ufficiale al pittore, in una lettera che recitava "il Papa desidera averti qui a Roma. Il pontefice ha grandi progetti per te, con un ruolo di protagonista assoluto. Vieni a Roma, ci sono colleghi come Michelangelo, Raffaello e Sebastiano, ma tu saresti l'indiscusso numero uno".

Incredibilmente Tiziano rifiuta e spedisce l'invito al mittente: desideroso di succedere al suo maestro Giovanni Bellini, nella carica di Pittore ufficiale della Serenissima Repubblica di Venezia (ruolo che assumerà fin dal 1516), Tiziano non voleva lasciare Venezia e la sua terra. Di li a breve il cadorino sarebbe diventato il primo pittore d'Europa, lavorando non solo per la Repubblica di Venezia e per le varie corti d'Italia, come quella di Urbino e di Ferrara, ma perfino conquistando l'Imperatore Carlo V d'Asburgo, che lo nominerà perfino Conte Palatino, onore mai concesso a un artista, ed anche il Re di Spagna Filippo II. Negli anni '40 del '500 Tiziano lavorerà anche per Papa Farnese a Roma. Il rifiuto, nel 1513, di Tiziano, consente a Raffello di continuare la sua brillante carriera a Roma, luogo in cui è il maggior pittore, insieme a Sebastiano del Piombo. Nella decorazione di questa stanza, l'unico affresco dipinto integralmente da Raffaello è la scena dell'Incendio di Borgo. Gli altri affreschi vedono invece la crescente presenza dei giovani artisti della bottega di Raffaello, che lo aiutavano nelle numerose e importanti commissioni che riceveva in quel periodo. La scena dell'Incendio di Borgo si ispira a un fatto storico avvenuto nel Medioevo, nell'anno 847 d.C., quando un grave incendio scoppiò nel quartiere di Borgo, vicino la Basilica di San Pietro. Le fonti raccontano che il pontefice apparve sulla loggia delle benedizioni e, con il segno della croce, miracolosamente pose fine alle fiamme, salvando così la città. Questa rappresentazione enfatizza la capacità salvifica del papa e si collega alla nuova politica di pacificazione portata avanti da Leone X, sia tra le fazioni romane sia tra la Chiesa e gli stati europei. La scena dell'Incendio di Borgo diventa un simbolo della missione di pacificazione del papa. Raffaello adotta uno stile tragico per questa opera, caratterizzato da una maggiore enfasi drammatica e grandiosità. Questo stile sembra essere influenzato dalla volontà del maestro di confrontarsi con Michelangelo, specialmente con le figure dipinte sulla volta della Cappella Sistina, situata nelle vicinanze delle Stanze Vaticane. L'affresco, di dimensioni imponenti, raffigura anche figure femminili che portano acqua per spegnere l'incendio, con i loro panni agitati dal vento, rendendo la scena ancor più drammatica. Un elemento importante è anche la crescente competenza di Raffaello come archeologo, che si manifesta nel suo modo di rappresentare Roma e la sua stratificazione storica e culturale. La scena mostra edifici classici in primo piano, ispirati all'architettura romana, mentre sullo sfondo si intravede la basilica di San Pietro con la sua struttura medievale e i mosaici dorati, creando così un ritratto affascinante della città eterna.

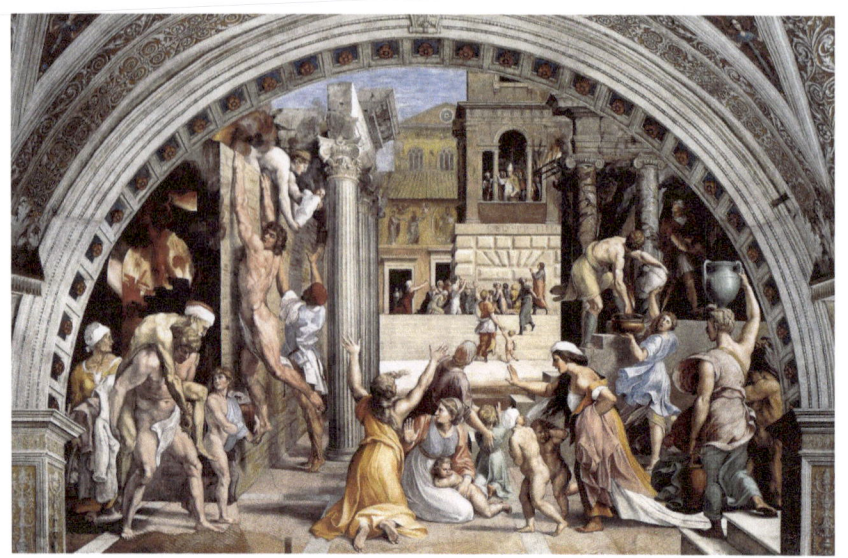

Raffaello, Incendio di Borgo, 1514, Musei Vaticani.

La Trasfigurazione e il confronto con Tiziano

La Trasfigurazione, dipinta da Raffaello nel 1516 su commissione del cardinale Giulio de' Medici, è un'opera fondamentale perché rappresenta l'ultimo lavoro completato dall'artista prima della sua improvvisa e inaspettata morte il 6 aprile del 1520. Questo dipinto, alto oltre 4 metri, è considerato una sorta di testamento spirituale di Raffaello. La tavola venne commissionata alla fine del 1516 dal cardinale Giulio de' Medici per la cattedrale di Narbona. Contemporaneamente ad essa, per la stessa chiesa, venne ordinata a Sebastiano del Piombo la tavola raffigurante la *Resurrezione di Lazzaro*. Raffaello non completò l'opera, che venne posta sul suo letto di morte alla dipartita dell'artista. Vasari ricorda che "gli misero alla morte, nella sala ove lavorava, la tavola della *Trasfigurazione* che aveva finita per il cardinal de' Medici: la quale opera, nel vedere il corpo morto e quella viva, faceva scoppiare l'anima di dolore a ognuno che quivi guardava". Mai giunta a Narbona, venne posta sull'altare maggiore della Chiesa di San Pietro in Montorio. La tavola fu confiscata e portata a Parigi da Napoleone il 27 e 28 luglio 1798 con il Trattato di Tolentino come oggetto delle spoliazioni napoleoniche. Fu sistemata nel posto d'onore nel Museo del Louvre dove divenne una delle fonti d'ispirazione del neoclassicismo in Francia. Con la Restaurazione, fu riportata in Vaticano nel 1815, sotto la cura di Antonio Canova. Il cardinale de' Medici, colpito dalla bellezza e dall'innovatività della Trasfigurazione, decise di non mandarla a

Narbonne, come originariamente previsto, ma di esporla sull'altare di una chiesa romana, dove rimase per secoli prima di essere trasferita ai Musei Vaticani. La Trasfigurazione rivoluziona il tema tradizionale della trasfigurazione di Cristo presentando contemporaneamente due episodi narrativamente concomitanti: la scena sulla cima del monte Tabor, dove Cristo manifesta la sua natura divina circondato da un alone di luce mistica e affiancato da Mosè ed Elia, e la scena ai piedi del monte, dove gli altri nove apostoli tentano invano di guarire un ragazzo ossesso. Questo ragazzo, con il volto stravolto, potrebbe rappresentare un malato di epilessia: la pala accosta per la prima volta due episodi trattati nel Vangelo secondo Matteo. Tale innovazione iconografica è probabilmente da ascrivere alla volontà di aggiungere spunti drammatici per meglio competere con Sebastiano del Piombo e il suo tema, la Resurrezione di Lazzaro, già naturalmente dinamico. La rappresentazione della luce e dell'ombra, così intensamente contrastate, e la disposizione plastica delle figure conferiscono al dipinto un carattere drammatico e monumentale. La Trasfigurazione è considerata un'anticipazione del Barocco, con la sua raffigurazione mistica e dinamica. L'ispirazione naturale per questo dipinto deriva dal capolavoro di Tiziano: l'Assunta dei Frari del 1516. La volontà di Raffaello, artista che fin dagli esordi ha cercato di assimilare tutti gli stili possibili, da Giovanni Bellini a Leonardo, passando per Michelangelo e Sebastiano del Piombo, adesso era quella di confrontarsi con il più grande artista vivente, che aveva fatto eco in tutta Europa, ovvero Tiziano, e lo fa con questo suo ultimo straordinario capolavoro.

Nel cuore della magnifica ed unica città di Venezia, all'interno della basilica di Santa Maria Gloriosa dei Frari, si trova un capolavoro artistico che è stato celebrato da Antonio Canova come il dipinto più bello del mondo, e lo scultore aveva indubbiamente ragione. L'Assunta di Tiziano venne commissionata da alcuni monaci dell'ordine dei frati francescani per decorare l'altare maggiore della basilica. Quest'opera, creata nel 1516, anno in cui Tiziano diventa pittore ufficiale della Serenissima, rappresenta uno dei punti culminanti della carriera dell'artista e incarna il meglio dell'arte rinascimentale. La sua bellezza, maestria tecnica ed il suo profondo significato religioso lo hanno reso un'icona senza tempo di ineguagliabile valore ed esecuzione artistica ed è incredibile pensare che un uomo abbia creato un'opera simile, che ha del divino: difatti l'opera è nota anche per avere il titolo di "Perfezione del Rinascimento" o "Perfezione di Tiziano". Quest'opera è di vitale importanza per lo sviluppo dell'intera pittura europea, in quanto segna la nascita della pittura moderna. Non vi sono più le cose "morte, senza movimento nè rilievo", come ricorda Ludovico Dolce, delle opere generate fin a quel momento in tutta la storia dell'arte. Difatti con l'Assunta di Tiziano si ha un'opera teatrale ed espressiva, come mai si era visto prima, che segna qualcosa di nuovo e fondamentale nella storia dell'arte universale di tutti i tempi. L'opera venne consegnata dall'artista il 20 marzo 1518 e collocata nell'edicola marmorea architettonica, dove pittura e architettura si sposano alla perfezione, sancendo la più bella visione artistica del mondo: è suggestiva la visione che si ha entrando nella Basilica dei Frari di

Venezia, in cui la prima cosa che si nota è il coro che incornicia simmetricamente la gigantesca pala d'altare di Tiziano, lasciando sbalordito e meravigliato chi l'osserva. Per dipingere l'Assunta, Tiziano ha di fronte due gravi problemi. Il primo problema è che l'abside della Chiesa dei Frari è tutto traforato di finestre, dunque da qualsiasi parte si volti vi è una luce che entra e che può interferire con la luce che Tiziano vuole dare alla sua pittura. Il secondo problema è che invece di appoggiarsi a un muro, come tutte le pale d'altare coeve, l'Assunta deve stare, in qualche modo, staccata, in mezzo al presbiterio e deve navigare nello spazio, contrariamente a quello che succede per qualsiasi altra opera del tempo. Qualsiasi artista del tempo avrebbe rifiutato, in quanto impotenti dinanzi a questi problemi, ma Tiziano non si spaventa di tutte queste difficoltà, e decide di mettersi all'opera dipingendola e superando i due grandi ostacoli, grazie al suo infinito e divino genio artistico. Il suo colore fino a quel momento era stato sempre un colore di una ricchezza straordinaria, il suo è il colore di una eterna primavera, innovando il classicismo cromatico in pittura che farà scuola nei secoli. Tiziano stupisce attraverso il colore e la luce, ed in questo caso pensa a qualcosa di straordinario: qui il colore è un po' meno ricco, ma al contempo giostrato su altre idee. La prima idea riguarda appunto il primo grande problema, ovvero quello che la luce che entra da tutte le finestre. Tiziano supera questo problema con una trovata geniale, che nessun altro artista aveva sperimentato prima: l'artista immagina un gruppo di apostoli in controluce e la massa di questi apostoli si fa notare in tonalità estremamente scura rispetto a quello che si vede nella parte alta del quadro. E' come se noi vedessimo una persona contro una finestra che emerge soltanto in quanto massa scura contro una zona di chiaro, e gli apostoli emergono in questo modo contro il cielo. Tuttavia su questa massa globalmente scura, Tiziano fa cantare dei punti di colore, come quel bianco meraviglioso della manica di un apostolo su un mantello verde, o i rossi, che comunque fanno vedere la sua ineguagliabile capacità di gestione formidabile della tavolozza e del colore. La seconda cosa è che se gli apostoli sono, in qualche modo, coinvolti in una luce naturale, la luce che irradia intorno alla Madonna non può essere una luce naturale, non può essere quella che entra dalle finestre, e allora Tiziano inventa una grande luce divina metafisica che spunta dietro la testa della Vergine, con l'apparizione, sopra di lei, di Dio Padre portato in volo da alcuni angeli e accerchiato da una immensa gloria di cherubini che emergono come forme luminose che si stagliano sulla grande luminosità diffusa. Se però fino a quel momento in tutta Europa, Italia compresa, tutti i dipinti erano "morti e immobili" come ricorda ance Ludovico Dolce, in questo dipinto è subentrato qualcosa di straordinario, che solamente quello che sarebbe stato il più grande pittore del mondo avrebbe potuto inventare per primo: Tiziano inventa l'idea che si possa raccontare il movimento molto più forte, vorticoso e molto più mosso di quanto non succedeva prima. E' esattamente questa idea di voler rappresentare dei sentimenti e delle reazioni dinanzi ad un evento miracoloso, come quello della Madonna Assunta, che rende questo quadro così fortemente indimenticabile per tutti quelli che lo videro allora e nei secoli successivi. Tiziano mostra tutta una serie di apostoli che gesticolano, con alcuni che portano le mani in alto in gesti di sorpresa, altri che indicano la Madonna e altri ancora che tengono le mani giunte e poi vi è anche chi guarda in alto con adorazione. Più in alto la Madonna ha un movimento ascensionale, come un'elica che si muove a spirale su sé stessa, perforando e sfondando l'aria per arrivare in alto da Dio Padre: è come se Tiziano scoprisse, 500 anni prima di noi, ciò che oggi conosciamo in fisica come Principio della Comprimibilità dell'aria. Per queste ragioni possiamo parlare di un quadro Proto-Barocco, in cui vi è questa sorta di esagerazione, se vogliamo dire così, dei sentimenti, delle espressioni e dei movimenti, all'interno di quello che è uno dei più grandi quadri che siano stati dipinti nella storia della pittura, alto 7 metri per 3 metri e 60 di larghezza e dunque bisogna anche immaginare i grandi problemi tecnici che si pongono per reggere una tavola del genere: si tratta di un supporto di legno di vari quintali di peso che deve stare sospeso tra due colonne di marmo. Ed è proprio per questo fluttuare nello spazio e nella luce e per questa grandezza e difficoltà tecnica che questo capolavoro ha dato per tutti l'inizio a nuove dimensioni della mente, a nuove dimensioni della fantasia ed è incredibile come Tiziano abbia anticipato di 1 secolo il Barocco e tutta la pittura dei secoli successivi: con Tiziano nasce ufficialmente la pittura moderna. Il genio cadorino ci narra il miracolo della Vergine nell'atto della sua ascensione al cielo con grande realismo, dove non vi è più una compostezza immobile di tutti i dipinti rinascimentali del tempo, ma vi è un continuo agitamento di braccia, corpi, gesti, esattamente ciò che accadrebbe nella vita reale. Nell'opera moto e colore creano una perfetta combinazione di reale sensazione visiva: ne scaturisce un grande dinamismo nel segno del colore, che anima la scena, dove spiccano i movimenti ondeggianti degli apostoli, il moto ascensionale dei putti festanti, e la monumentale Vergine risaltata dal bagliore di luce di Rosso Tiziano, che diventa un tutt'uno con essa, evidenziando la grandezza Celeste. La luce che avvolge il corpo di Maria non è solo un effetto luminoso, ma un simbolo della sua natura divina e dell'atto straordinario dell'Assunzione. La luce radente conferisce a Maria una luminosità eterea, mentre le nuvole circostanti sembrano irradiare una luce celestiale. Questa luce divina agisce come un ponte visivo tra i cieli e la terra, sottolineando la natura soprannaturale dell'evento. La luce che avvolge Maria funge da ponte visivo tra il mondo terreno e il regno celeste. Rappresenta il passaggio tra la dimensione materiale e quella spirituale, creando una connessione visiva e simbolica tra l'umano e il divino. Questo effetto di luce sfumata crea una sensazione di transizione, come se Maria stesse emergendo dalla realtà terrena per abbracciare la luce e la gloria del paradiso. La luce divina dell'Assunta non è solo un simbolo all'interno del dipinto, ma coinvolge anche l'osservatore. La luce irradia un senso di calore e di elevazione, invitando chiunque osservi l'opera a sentirsi parte di un momento mistico. Le nuvole che circondano Maria sono uno dei simboli più evidenti di trascendenza. Esse fungono da mezzo di elevazione, unendo il mondo terreno a quello celeste. Le nuvole, spesso associate al cielo e alla dimensione spirituale, creano un senso di transizione e di passaggio. Maria sembra emergere da questa densa nebbia, simboleggiando il suo passaggio dalla vita terrena a quella eterna. La postura di Maria è un simbolo visivo di elevazione. Le sue mani aperte e il corpo sollevato evocano un senso di leggerezza e di ascensione. Questa postura non solo suggerisce la sua ascesa verso il cielo, ma trasmette anche un senso di gioiosa accettazione del destino divino. Questo simbolo di Maria che si lascia sollevare dalle mani di Dio rafforza l'idea di trascendenza. Gli angeli che circondano Maria agiscono come simboli di guida e di accompagnamento nella sua ascesa. Le loro ali aperte e le loro espressioni meravigliate suggeriscono il loro ruolo di messaggeri del divino. Rappresentano l'aiuto e la protezione che Maria riceve mentre si eleva verso il cielo. Questi angeli simbolizzano la connessione tra il mondo umano e il regno celeste. La composizione si divide in tre scomparti: nella parte superiore vi è la grande figura di Dio padre, circondato dal bagliore di luce dorata, la stessa che abbraccia la Vergine, che occupa lo scomparto centrale, mentre la parte inferiore è occupata dagli apostoli che reagiscono sbalorditi all'evento. L'enorme effetto dinamico dell'opera è generato dalla mano del genio cadorino, che evidenzia la grande carica espressiva delle figure: i gesti e le due opposizioni del dipinto. Queste due opposizioni riguardano la dimensione passionale e terrena in basso e la dimensione sferica divina in alto. Tiziano stupisce tutti, a quel tempo, nei secoli e oggi, attraverso il colore e illuminando la Vergine con colori accesi. Altra caratteristica notevole è il rosso, marchio di fabbrica dell'artista, che in quest'opera ha una disposizione a triangolo, dove il punto di fuga è rappresentato dalla Vergine, mentre i due estremi si riscontrano nelle figure dei due apostoli in basso. Analizzando perciò questo capolavoro della storia dell'arte universale, non ci viene difficile capire perché un'eccellente personalità dell'arte come Delacroix affermi su Tiziano: *"In lui le qualità pittoriche sono portate al punto massimo: quel che dipinge, è dipinto: gli occhi guardano e sono animati dal fuoco della vita. Vita e ragione sono presenti ovunque"*. Oltre le nuvole Tiziano dipinge la scena di amore sublime tra Vergine e Padre Eterno: le nubi separano la dimensione terrena e da quella divina e fanno da pavimento ideale per la Vergine, sostenuta dagli angeli, che con un passo danzante apre le braccia per poter abbracciare Dio che ricambia, osservandola e attendendola e quel passo danzante ci dice che nessun'Assunta è più Assunta di questa di Tiziano. Quelle nubi rappresentano la dimensione della non conoscenza che si frappone Tra Dio e gli uomini; Tiziano ci indica che quella via va superata con l'amore, come quello reciproco di Maria e Dio, che ci permette di poterci avvicinare alla luce. Artisti da tutte le parti del mondo si recarono alla Basilica dei Frari per ammirarla, pittori, letterari, signori e imperatori. Carlo V rimase sbalordito e si offrì di poterla comprare, offerta rifiutata dai Frari. L'opera è celebre anche per aver fatto da sfondo ad uno dei funerali di Canova, che quando era in vita la definì l'opera più bella mai creta, il dipinto più bello del mondo. Il maggiore artista del Neoclassicismo non aveva tutti i torti, anzi possiamo dire che era in perfetta ragione, basti entrare nella Chiesa dei Frari per capirlo. Tiziano si può proclamare come il fondatore della pittura moderna attraverso quest'opera, la pala d'altare più bella del mondo, che ha fatto scuola per tutte le altre realizzate successivamente da artisti come Veronese, Tintoretto, Rubens, Carracci, Caravaggio, Tiepolo, Luca Giordano, e tutti gli altri grandi pittori dei secoli successivi. Perfino Raffaello, contemporaneo di Tiziano, nella sua Trasfigurazione si è ispirato alla composizione Tizianesca, realizzando l'opera qualche anno dopo l'Assunta. La bellezza senza tempo e la profondità simbolica dell'Assunta hanno garantito che l'opera continui a essere un simbolo di ispirazione e contemplazione. Nonostante i cambiamenti nel corso dei secoli e le varie sfide che l'arte ha affrontato, questo capolavoro di Tiziano rimane il faro di bellezza e spiritualità che si staglia nell'arte mondiale. E' un'opera d'arte che va ben oltre la sua natura visiva: è un'espressione di fede, di maestria artistica e di connessione umana con il divino. Il dipinto cattura l'essenza dell'arte rinascimentale, combinando abilmente la tecnica pittorica avanzata, che fanno di Tiziano il più grande ed influente pittore di ogni tempo, con la profondità emotiva e spirituale. Tutto questo ci fa capire come l'ambizione di Raffaello fosse infinita, dettata, a questo punto della sua carriera, a confrontarsi con il più grande di tutti ed il destino ha voluto che si tratti del suo ultimo capolavoro: non vi è cosa più incredibile di questa, nella vita dell'urbinate.

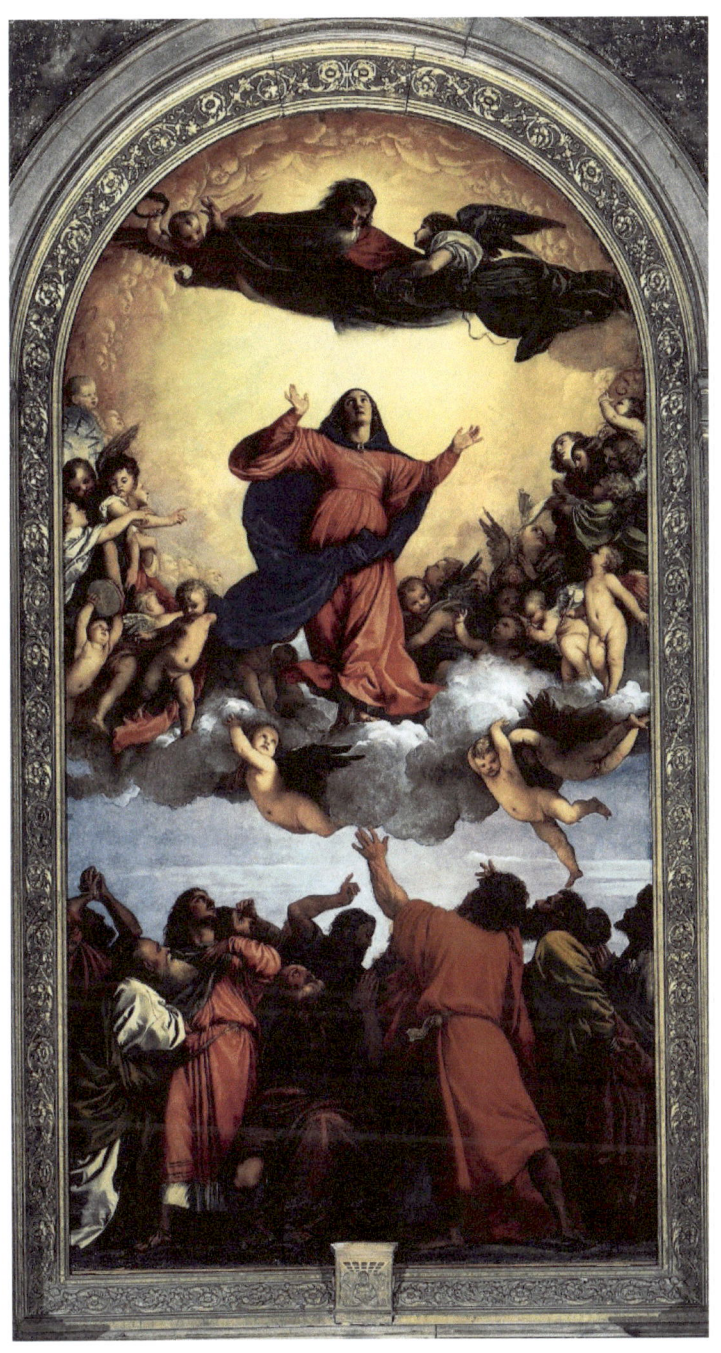

Tiziano, Assunta, Basilica dei Frari, Venezia, 1516.

Mettendo a confronto l'opera del Vecellio con quella del Sanzio, si può subito notare come in Raffaello le due scene siano inconciliabili, mentre in Tiziano vi è maggiore teatralità dovuta alla compartecipazione e interazione di tutte le figure: i tre livelli (dimensione terrena, cielo e dimensione divina) sono collegati tra loro, avvengono nello stesso momento cronologico. In Tiziano, la Vergine evoca una grande drammaticità, un grande pathos e un grande sentimento, rappresentata a braccia spalancate in tutta la sua grandezza ormai Celeste e impossibilitata di dominarsi sia fisicamente che emotivamente. La pennellata di Tiziano conferisce così pathos, concitazione e drammaticità, elementi che mancano in Raffaello. Mentre in Raffaello il Cristo appare divinizzato, come se fosse risorto, in Tiziano vi è maggiore evoluzione nella pittura, dove il peso della composizione ha il suo punto di fuga nella figura della Madonna, che compie a sua volta una torsione inaudita, che sarà una fondamentale ragione che spianerà le porte alla bella maniera moderna del dipingere, e conferisce una grandiosa sensazione di potenza.

Il punto di fuga di Tiziano appare molto espressivo, stravolge i sensi, stupisce lo spettatore, instaura un rapporto diretto e rende possibile ammirare l'opera anche da lontano, in tutto il suo maestoso splendore; inoltre con il colore a dense pennellate, l'artista è in grado di dare ampiezza ai gesti e di creare così teatralità, mentre in Raffaello prevale una composizione più arretrata: simmetrica e dove prevale l'equilibrio e la misura. In Raffaello i colori appaiono freddi e limpidi, quasi scultorei, brillanti, con uno stacco netto tra un colore all'altro, ed è possibile distinguere le zone in ombra dalle zone di luci, mediante un gioco chiaroscurale. Anche in questo caso la tecnica di Tiziano è più evoluta rispetto a quella del collega: il genio cadorino utilizza tonalità più calde, dove il passaggio dei colori non è marcato come in Raffaello, ma è sfumato, creando uno straordinario effetto coloristico, privo di contorni marcati che conferisce maggiore naturalezza, e la luce risulta diffusa sapientemente, con il bagliore rosso-arancio che evidenzia tutta la grandezza divina della Vergine ormai in cielo divino. Entrambe le opere sono caratterizzate da grande dinamismo che in Tiziano ha il suo fulcro nella Vergine in un unico episodio cronologico, ovvero nell'Assunzione al cielo, mentre in Raffello in due episodi distinti: il tentativo degli apostoli di guarire un indemoniato e la Trasfigurazione di Cristo sul monte Tabor. Un altro punto a favore di Tiziano, riguarda l'attenzione alla profondità psicologica, riscontrabile in Maria, figura quasi umanizzata, che evoca grande drammaticità nei gesti e nell'espressione, e negli apostoli, ognuno di esso stupito per l'evento; mentre in Raffaello le figure appaiono ancora plastiche, con linee nette e definite. Un altro punto a favore di Tiziano, che evidenzia il suo genio creativo e innovativo, è riscontrabile nell'iconografia, totalmente stravolta e innovata dal genio cadorino: l'artista colloca gli apostoli in basso (dimensione terrena) evocando una scena affollata con un grande sentimento di concitazione, e in alto Dio Padre nella dimensione Divina, in tutto il suo splendore del bagliore di luce di calde tonalità, usate intelligentemente dall'artista, pronto ad accogliere la Vergine. Raffaello al contrario, si limita solamente a divinizzare il Cristo, che appare fluttuante e immateriale, senza nessun pondus. In entrambe le opere, gli apostoli assumono posizioni evocanti grande pathos e drammaticità e differenti espressioni, con la differenza che in Tiziano tutti rivolgono il loro sguardo alla Madonna, con un punto di vista geometrico dal basso verso l'alto, mentre in Raffaello non c'è un preciso punto focale comune. Soffermandoci ancora di più sulla luce, si può notare come in Tiziano parta dalla sommità del cielo di Dio Padre, espandendosi via via in basso con gradazioni di tonalità differenti, generando chiaro-scuri, man mano che si raggiunge la dimensione terrena dove vi sono gli apostoli: la luce che parte da Dio è fortemente intensa e identifica il Padre Eterno in tutta la sua grandezza Celeste. Tiziano utilizza la luce mettendo perfettamente in risalto quello che è Dio: l'essere più potente, più puro e privo di lati oscuri, proprio come lo è la luce, perciò solo lui può privilegiarsi di questa posizione di tale brillantezza. La luce è talmente potente che mette in controluce la figura di Dio, evidenziandone la soprannaturalità, grazie allo straordinario uso del contorno sfumato di solo colore. Nella parte sottostante, invece, arrivano solo due spiragli di luce, più fiochi, che colpiscono le vesti di due Apostoli. I rimanenti sono quasi totalmente in ombra, nonostante si possano notare i panneggi delle vesti. Maria invece, che sta a metà della composizione, è illuminata dalla luce proveniente da Dio ma non in maniera completa. In Tiziano si nota un uso della luce di tipo simbolico, che descrive un moto ascensionale verso il divino e verso la salvezza. Da una condizione di peccato-ombra si passa a quella di purezza-luce. Nonostante ciò, le ombre e i chiaroscuri sono realisticamente dipinti. Tiziano usa la luce per mostrare la differenza tra uomo e Dio. Raffaello usa la luce come un ottimo strumento per evidenziare i sentimenti umani, limitandosi però, solamente a marcare i chiaroscuri. Risulta quindi innegabile che da un punto di vista puramente pittorico, il confronto sia vinto da Tiziano, a dimostrazione di come la pittura Veneta sia molto più evoluta e avanti rispetto alla più "arretrata e immobile" pittura tosco-romana, ma ciò non toglie, che anche l'opera di Raffaello sia un grande capolavoro.

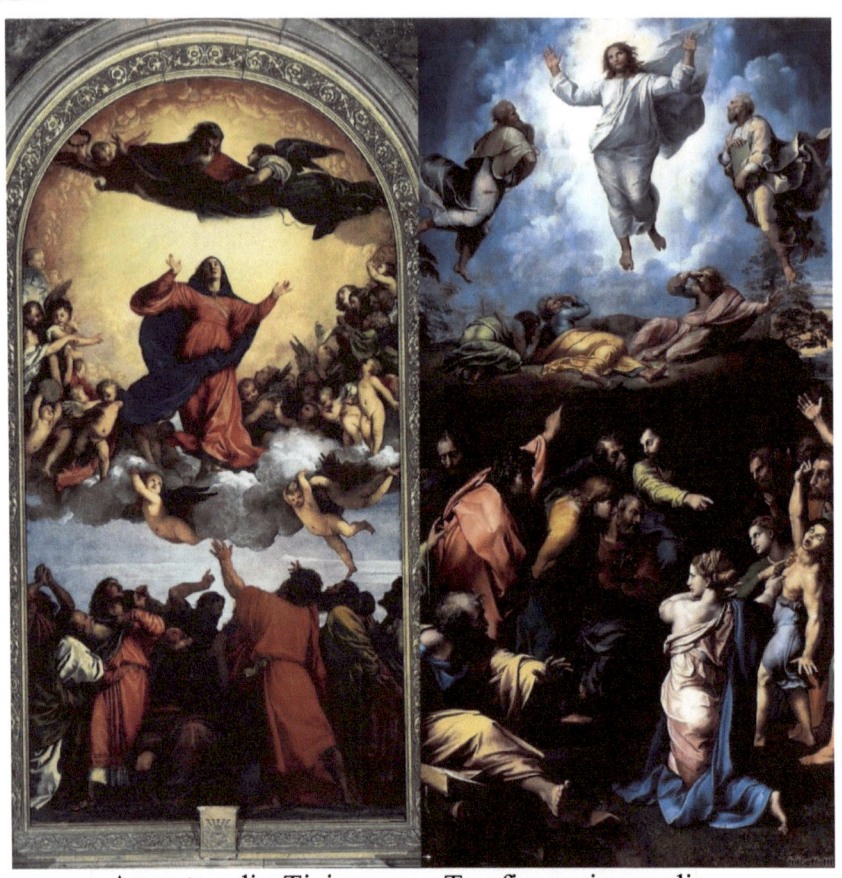

Assunta di Tiziano e Trasfigurazione di Raffaello messe a confronto. Da notare come Raffaello provi ad emulare l'iconografia di Tiziano: la posa del Cristo raffaellesco riprende quella della Vergine Tizianesca. Inoltre i gesti degli apostoli in basso dell'opera raffaellesca riprende gli stessi derivati dagli apostoli tizianeschi, il tutto in una dimensione terrestre in basso e in una dimensione celeste in alto: altro dettaglio tizianesco da cui Raffaello si ispira.

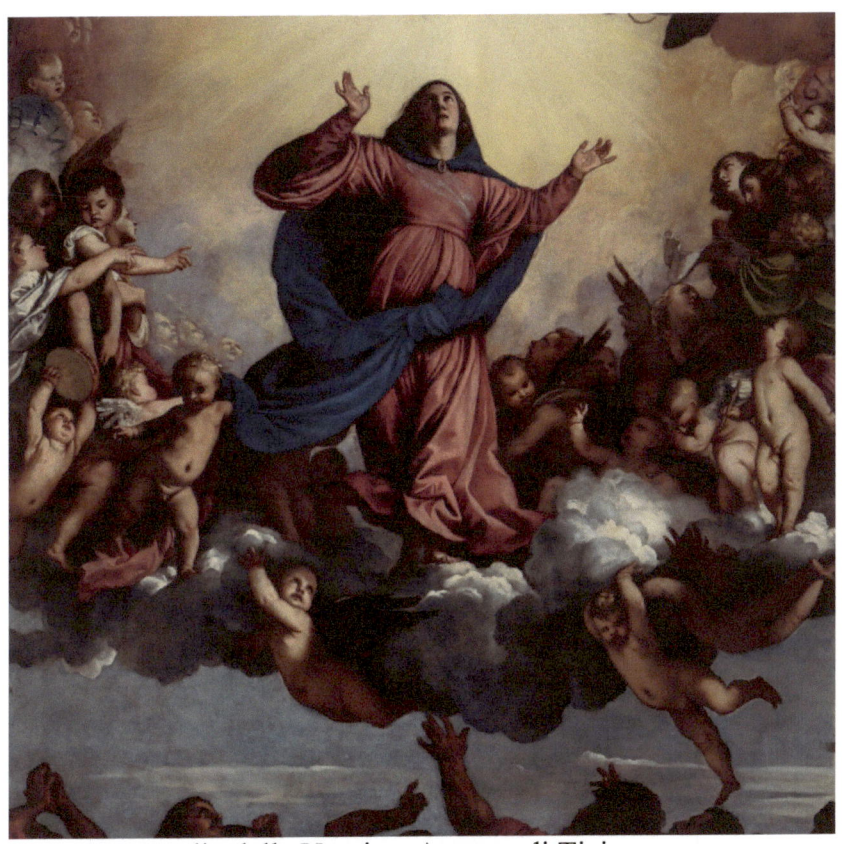
Dettaglio della Vergine, Assunta di Tiziano.

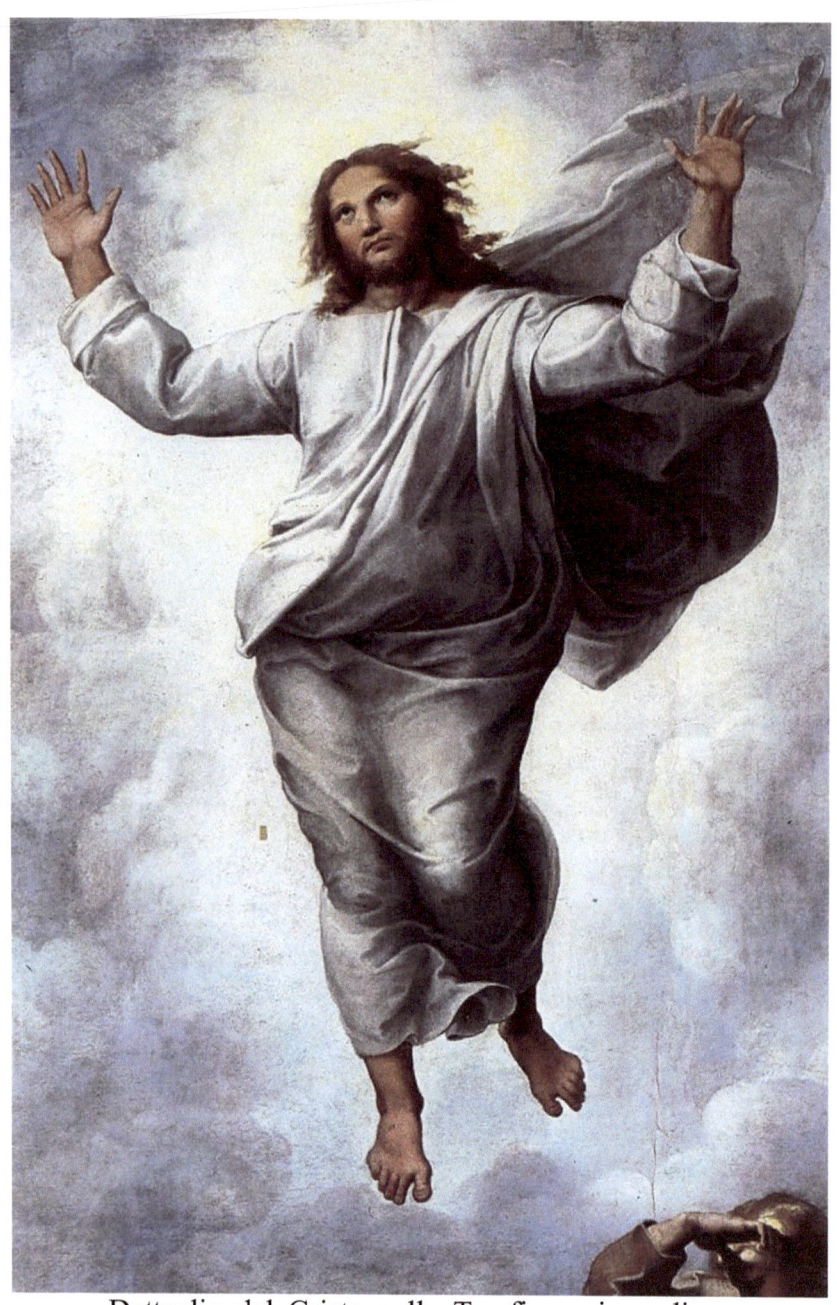

Dettaglio del Cristo nella Trasfigurazione di Raffaello, la cui posa deriva dall'Assunta di Tiziano.

Risulta innegabile che l'opera di Raffaello sia il suo testamento spirituale, poiché il pittore morì improvvisamente e inaspettatamente il 6 aprile del 1520, mentre l'opera era praticamente completata. Quando il suo corpo fu esposto per essere compianto dagli amici, dai committenti e dagli estimatori, questo dipinto fu posto vicino al letto, quasi a rappresentare un lascito alle generazioni future. In questo suo ultimo capolavoro, percorrendo la via attuata da Tiziano, Raffaello, con la sua Trasfigurazione, ci mostra il suo nuovo stile tragico, aprendo nuove prospettive sul futuro dell'arte. Proprio perché è ispirato all'Assunta tizianesca, cercando di emulare lo stile, la Trasfigurazione di Raffaello È considerata un dipinto pre-barocco, in quanto anticipa di quasi 100 anni gli sviluppi artistici del Seicento. La scena mistica della parte superiore sembra anticipare la pittura barocca, e artisti come Rubens furono profondamente influenzati da essa. Questo dimostra che Raffaello, con la sua arte, ha aperto molte strade che possono essere percorse da artisti futuri, guadagnandosi un posto di rilievo tra i grandi artisti di tutti i tempi.

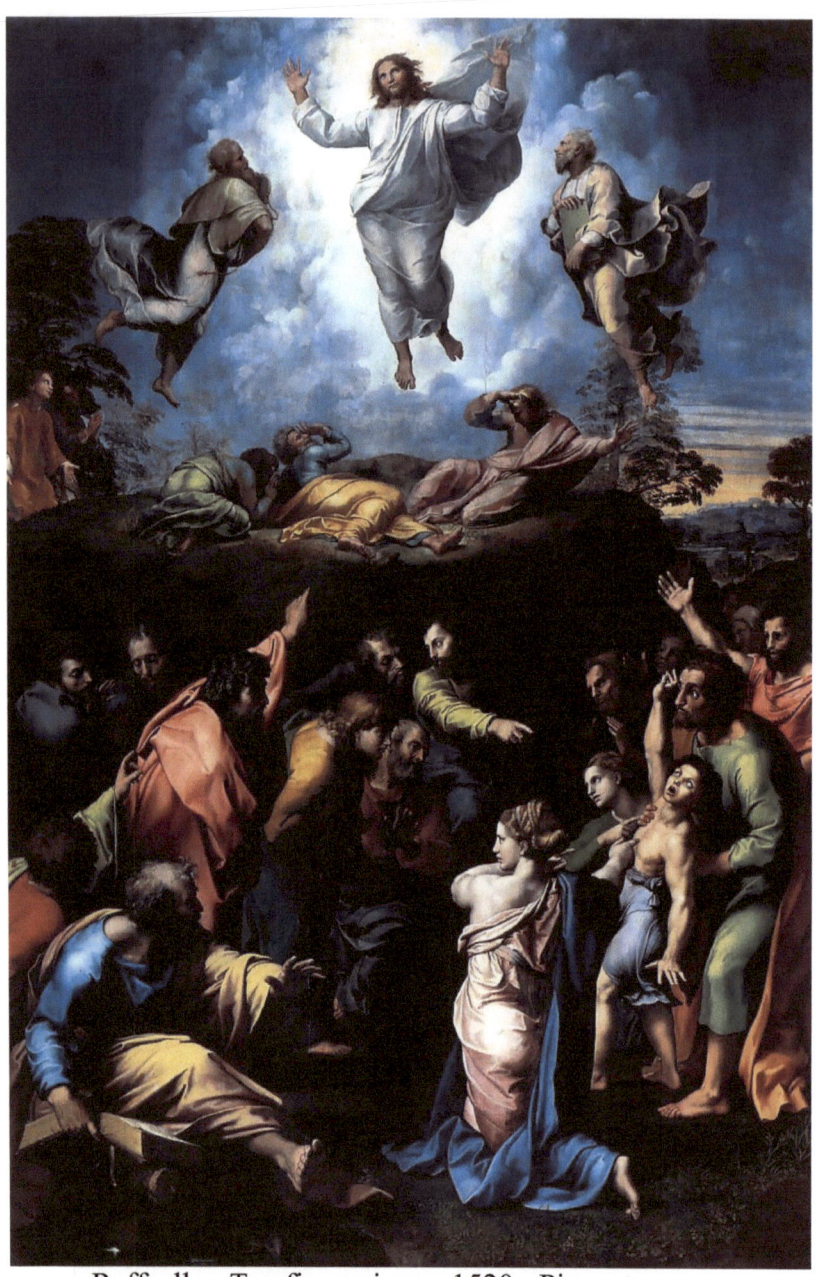

Raffaello, Trasfigurazione, 1520, Pinacoteca Vaticana, Città del Vaticano.

Biografia dell'autore

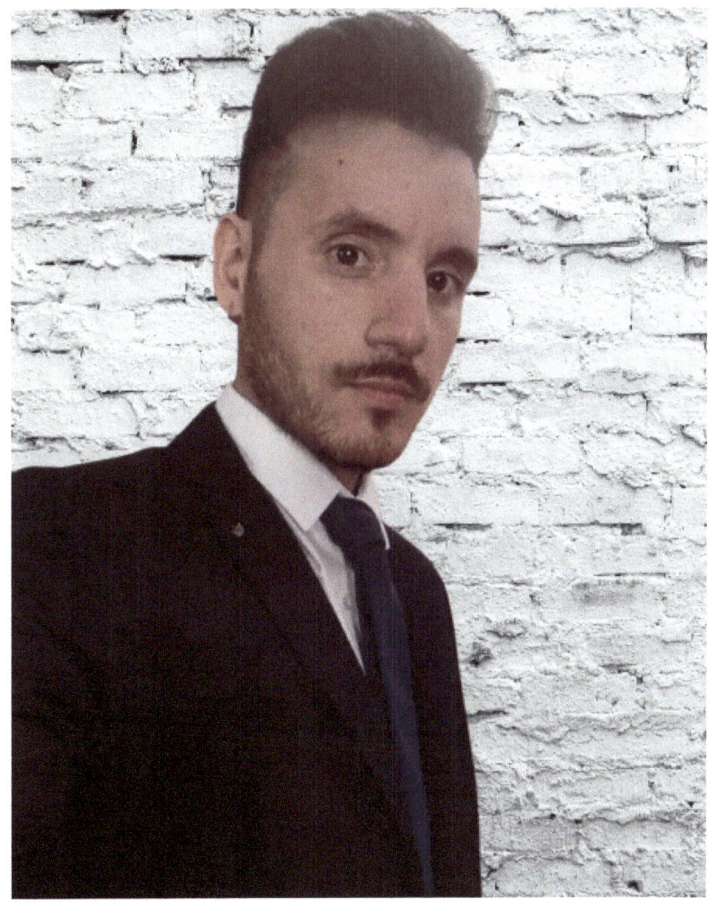

Nato a Gela (CL) il 25/03/1997, Dario Romano ha conseguito la laurea magistrale, nel 2024 con il massimo dei voti, in Lingue per la comunicazione interculturale per la cooperazione internazionale e i servizi culturali e turistici - LM38 - all'università Kore di Enna, con una tesi sperimentale lodata dalla Presidenza della Regione Veneto, nonché dalla direzione del Turismo della Regione Veneto, dall'Associazione Ville Venete e dal coordinatore di Ville, Castelli e Dimore storiche del Veneto, intitolata "La gestione turistica delle Ville Venete come modello di riferimento d'eccellenza per le ville di Campo de Cartagena: una sfida e un'occasione inedita per la regione spagnola di Murcia", in cui propone un progetto di valorizzazione e riqualifica del patrimonio architettonico, artistico e paesaggistico spagnolo partendo dall'esempio d'eccellenza mondiale delle Ville Venete. Precedentemente, nel 2022, Dario aveva conseguito la laurea triennale in L-11, Lingue e culture moderne, presso la medesima università, con una tesi sull'uso dei detti e dei proverbi nel teatro spagnolo del Secolo d'Oro. Nel 2018 ha conseguito la certificazione DELE di livello B2, che attesta una padronanza intermedia della lingua spagnola, dall'Istituto Cervantes di Madrid. L'anno successivo, nel 2019, Dario ha conseguito, dal medesimo istituto, la certificazione di lingua spagnola DELE C1 che attesta una padronanza della lingua di livello avanzato/madrelingua. Dario è un esperto dell'arte, del patrimonio architettonico e paesaggistico e delle materie umanistiche. Ha già scritto numerose collane e libri su periodi storici artistici e architettonici come il Rinascimento, il Barocco ed il Neoclassicismo e su artisti come Tiziano, Canova, Caravaggio, Tintoretto, Veronese, Raffaello, Leonardo, Velazquez, Canaletto, Tiepolo, Rembrandt, Rubens, van Gogh, Monet e tantissimi altri. Dario ha lavorato come guida divulgativa e mediatore culturale alla mostra "Leonardo da Vinci ed il genio del volo" che si è tenuta presso il teatro Eschilo di Gela nel 2023, occupandosi del lato ingegneristico-architettonico del periodo storico del Rinascimento, con figure come Leonardo da Vinci e contemporanei, nonché di importanti personaggi del mondo classico come Vitruvio. Alla passione per la lingua spagnola, la musica (compone e suona la chitarra elettrica per hobby), lo sport (grande tifoso della squadra di calcio londinese del Fulham e del Chievo Verona) e i viaggi culturali in città d'arte ed in luoghi naturali, unisce quella della scrittura. Dario è anche proprietario e fondatore del blog Arte Divulgata, uno spazio in cui si impegna a divulgare, criticare e analizzare l'arte figurativa, spesso anche in relazione ad altre forme d'arte, come la letteratura, attraverso dei confronti tra artisti.

www.ingramcontent.com/pod-product-compliance
Lightning Source LLC
Chambersburg PA
CBHW040224220526
45473CB00001B/109